WITHDRAWN

D0609427

niños

niños

cómo piensan, aprenden y crecen
de los 2 a los 5 años

desmond morris

BLUME

BLUME

Título original:
Child

Traducción:
Maite Rodríguez Fischer

**Revisión y coordinación de la edición
en lengua española:**
Cristina Rodríguez Fischer
Psicóloga

Primera edición en lengua española 2011

© 2011 Art Blume, S. L.
Av. Mare de Déu de Lorda, 20
08034 Barcelona
Tel. 93 205 40 00 Fax 93 205 14 41
E-mail: info@blume.net
© 2010 Octopus Publishing Group Limited, Londres
© 2010 del texto Desmond Morris

ISBN.: 978-84-9801-556-0

Impreso en China

WWW.BLUME.NET

contenido

prefacio

Para un padre afectuoso, los años que transcurren entre el segundo y el quinto cumpleaños son a menudo los más agradables. Las pesadas exigencias que suponen el cuidado de un bebé son cosa del pasado y ahora, finalmente, es posible comunicarse de forma verbal. El niño en edad preescolar, capaz de caminar, hablar, correr y explorar, tiene toda una vida ante sí, y un planeta entero para investigar. La alegría de observarle aprendiendo a entender su propio cuerpo y sus capacidades físicas es inmensa. Su energía no tiene límite, y su curiosidad resulta infinita. Cada día está pleno de nuevos descubrimientos, aventuras y actividades. Es un período mágico tanto para el niño como para sus progenitores.

Desde la primera infancia hasta la edad escolar

Este libro proporciona un retrato de lo que supone ser un niño entre los 2 y los 5 años. Es una secuela de *Bebé*, la asombrosa historia de los primeros dos años de vida. Estos dos volúmenes en su conjunto cubren la totalidad del tiempo antes del primer día de colegio, cuando el pequeño comienza a introducirse en el inflexible sistema educativo de su cultura. Durante los próximos diez años o más, le enseñarán la manera de pensar de la sociedad en la que vive, dividiendo su tiempo entre los padres y los profesores. Pero antes de que eso suceda, transcurre un breve período de apenas un par de años en el cual el niño activo está más cerca de sus padres. Ellos tienen la mejor oportunidad, no sólo de saborear los tan especiales momentos de juego y descubrimientos de la infancia, y de ser testigos del despliegue de una nueva y única personalidad humana, sino de transmitir unos valores personales a su descendencia. Los detalles de las lecciones aprendidas por el niño durante esta fase pueden olvidarse más adelante, pero su impacto resulta duradero.

Socialmente interactivo

En las sociedades tribales, resulta poco habitual que las madres se separen de sus pequeños durante esta primera etapa de la infancia; mientras trabajan, sus hijos siempre están cerca. En nuestras modernas sociedades urbanas esto no siempre resulta posible. Algunas madres tienen la posibilidad de quedarse en casa durante este período y experimentan todos y cada uno de los momentos del desarrollo preescolar del niño, pero otras salen a trabajar y dejan a sus hijos en manos de cuidadores especializados. Algunas madres preferirían no verse en la necesidad de realizar este sacrificio, pero existen muchos argumentos a favor de las guarderías u otras instituciones similares, entre los que figuran el evitar que los pequeños se aíslen de sus coetáneos. Los niños tribales se mezclan con libertad, y esta primera socialización ha formado parte de la historia de la humanidad desde sus comienzos. La tendencia moderna de vivir en casas separadas entre sí por puertas cerradas con llave, paredes y vallas ha dado pie al aislamiento del niño preescolar. De ese modo, la guardería resulta más natural en la sociedad humana de lo que uno supone. Adopta el lugar del espacio abierto en el centro del primitivo asentamiento tribal, en el que todos se juntan y los encuentros sociales resultan frecuentes y variados.

Libertad frente a riesgo

El mayor problema al que se enfrenta un niño preescolar es poder explorar su emocionante nuevo ambiente sin asumir riesgos innecesarios. El niño sobreprotegido se pierde muchos de los aspectos más divertidos del desarrollo. Un niño al que se permite correr a sus anchas disfrutará de muchos días ricos en experiencias, pero no será consciente de los peligros y riesgos, y podrá meterse en líos muy serios. El niño afortunado es aquel al que se proporciona un medio seguro con la mayor libertad posible. Todo el tiempo que el niño pueda experimentar libremente con el movimiento de su cuerpo y con las emociones que suponen correr y saltar sobre superficies seguras estará bien empleado.

paso a paso

el niño en desarrollo

Durante el período preescolar se producen grandes cambios. El cuerpo se fortalece y se mejora el control físico. La energía es inagotable, como lo es la intensa curiosidad sobre el medio en el que el niño se encuentra inmerso. Su cerebro continúa el proceso madurativo, lo que permite afrontar nuevas maneras de experimentar el mundo y pensar con mayor claridad sobre los emocionantes retos que le ofrece. Sobre todo, el reducido vocabulario del niño de dos años, expresado de manera poco articulada, florece a una velocidad asombrosa y da lugar a un sistema de comunicación verbal maravillosamente avanzado y gramaticalmente organizado cuando el niño alcanza los cinco años y está a punto de comenzar la escolarización.

Cada niño es distinto

Aunque todos los niños atraviesan fases similares de desarrollo entre los dos y los cinco años, nunca debe olvidarse que cada niño es único. A algunos les cuesta lograr los avances esperados conforme pasan los meses; otros son más rápidos de lo habitual. Estas diferencias no suelen ser significativas. Los que comienzan más despacio alcanzarán a los otros más tarde, mientras que es posible que los más rápidos ralenticen su ritmo. Algunos individuos son más lentos en el crecimiento físico, pero más rápidos en el progreso mental, por ejemplo. Salvo que alguna diferencia alcance proporciones importantes, puede hacer caso omiso de ellas. Únicamente habrá que buscar el consejo de un profesional en el caso de que se conviertan en hechos extremos.

El estudio de los niños

Conocer realmente cómo se desarrollan los niños muy pequeños no es tarea fácil. Requiere de una inmensa paciencia y de la habilidad para realizar observaciones objetivas libres de prejuicios personales. En el pasado, algunos de los mayores expertos en desarrollo infantil basaron sus ideas principalmente en observaciones realizadas a sus propios hijos. El amor natural por sus propios retoños podía sesgar los resultados. Otros han evitado esta trampa, y su muestra ha sido demasiado pequeña, o demasiado local. Antes de poder realizar cualquier afirmación general con seguridad, deberá estar seguro de que ésta se aplica a los niños de más de una cultura y de que se basa en una muestra lo suficientemente grande.

Experimentos sencillos

Al realizar experimentos sencillos con niños pequeños se han obtenido resultados interesantes . Por ejemplo, se pide a los niños que jueguen con canicas para ganar algunas monedas. A cada jugador se le dice que hay un niño que no tiene ninguna moneda y que sería muy amable si pusiera una en un plato para él. Con algunos de los niños del experimento, el adulto que les da esta explicación pone algunas de sus propias monedas en el plato, tras lo cual se marcha. Con otros niños, el adulto da esta explicación, pero se marcha sin dejar ninguna moneda en el plato. Se ha observado que los niños tienden a ser menos generosos si el adulto no pone un buen ejemplo. Puede deducirse que, en otros casos, aprender con el ejemplo será más efectivo que con una instrucción.

Este tipo de pruebas pueden parecer obvias, pero para los psicólogos infantiles es importante asegurarse de que el «sentido común» es científicamente válido. De vez en cuando un «hecho bien conocido» resulta ser una falacia; es importante localizarlas.

Una característica destacable del experimento de las canicas es que resulta divertido para los niños. Algunos de los primeros experimentos psicológicos que se realizaron llegaron a crear una enorme tensión. Hoy en día se procura al máximo evitar pruebas que causen cualquier tipo de estrés.

Observaciones directas

Algunos estudiosos del comportamiento infantil prefieren no llevar a cabo experimentos, sino que se limitan a observar a los niños en los parques u otros lugares. Estos observadores toman notas y registran si la frecuencia de ciertas acciones aumenta o se reduce al cambiar las circunstancias. De esta manera, con la simple observación pueden llegar a conclusiones precisas y detalladas en temas como la interacción social de los niños y los cambios que experimentan con el transcurso de los meses.

¿se nace o se hace?

Durante muchos años ha persistido el debate entre los que defienden que el niño humano es una pizarra en blanco sobre la que puede escribirse cualquier cosa, y los que argumentan que el niño viene al mundo equipado con una serie de patrones de conducta innatos, genéticamente controlados. Hoy en día sabemos que la verdad se sitúa en algún lugar entre estos dos extremos.

La genética frente a la influencia familiar

En años recientes se ha hecho patente la evidencia del control genético del comportamiento humano, gracias a las nuevas técnicas que permiten a los científicos el análisis de la estructura del ADN. Resulta claro que muchas de las maneras en las que los niños se desarrollan en sus primeros años se producen sin influencias externas. Por ejemplo, un niño que nace ciego sonríe cuando está feliz. Este niño no sabe cómo es una sonrisa –su discapacidad le impide aprender a sonreír a partir de lo que ve en su ambiente– y, sin embargo, la reacción ocurre en el momento apropiado. Sonreír es, por lo tanto, una respuesta innata, parte de la naturaleza humana, y no parte del aprendizaje humano.

Influencias ambientales

La influencia genética modificada y mejorada gracias al aprendizaje y la experiencia es la que se da en la mayoría de las acciones y reacciones de los niños. Es como si hubieran heredado no una serie de estrictas reglas genéticas, sino más bien una colección de sugerencias innatas que se moldean mediante el entorno. Todos estamos programados para hablar, y la estructura básica del lenguaje es la misma a nivel mundial, con palabras y frases, sustantivos y verbos, tiempos verbales pretéritos y futuros, gramática y sintaxis, pero todos desarrollamos un estilo personal de expresión y hablamos varios idiomas distintos. Nuestros genes nos hacen balbucear y nos proporcionan la motivación para organizar esos primeros balbuceos en una forma más elaborada de comunicación verbal, pero los detalles precisos de nuestras verbalizaciones son demasiado complejos para ser controlados de forma genética. Estos detalles provienen de la interacción social, del aprendizaje con nuestros padres, nuestros hermanos, nuestros amigos y nuestros maestros.

La importancia del aprendizaje temprano

El aprendizaje temprano es mucho más que refinar las reacciones conductuales. Hoy se sabe que la manera en la que nos vemos expuestos a las distintas experiencias de nuestro entorno también puede influir sobre el desarrollo cerebral. El cerebro humano tiene un cierto grado de plasticidad. Si se estimula de determinada manera durante la infancia más temprana, puede alterar su estructura. Por ejemplo, cuando el cerebro se desarrolla, tiene lugar un proceso continuo de conexión y reconexión de células cerebrales. Constantemente se forman nuevas conexiones, o sinapsis, mientras otras se destruyen. El cerebro está programado para producir un gran número de conexiones cuando el niño es muy pequeño (se cuentan en trillones). Se trata de una cifra mucho más elevada de lo que el cerebro necesitará más adelante, pero es como si los genes que programan el desarrollo inicial del cerebro dijeran «toma, utiliza las que quieras». Luego, conforme pasa el tiempo, entra en acción el principio de «si no lo usas, lo pierdes». Las conexiones que se utilizan perduran, mientras que aquellas que no entran en acción se eliminan. De esta manera se incrementa la eficiencia del cerebro al eliminar lo inservible y conservar únicamente las conexiones nerviosas que realmente son necesarias.

De aquí se deduce que un niño en edad preescolar obligado a vivir en un medio estéril o marginal, carente de estímulos cerebrales, no sólo se convertirá en un ignorante, sino que también sufrirá la eliminación excesiva de sinapsis. Este hecho producirá desventajas a largo plazo, por lo que resulta de vital importancia para un niño pequeño exponerlo a una gran variedad de experiencias. Su joven cerebro estará creando las bases necesarias para facilitar la respuesta a este tipo de experiencias de una manera más sofisticada en el futuro.

un ambiente rico

Los efectos beneficiosos de unos padres que juegan con sus hijos, dotados con un intenso sentido de la curiosidad y enormes ganas de vivir, son indescriptibles. Los progenitores que proporcionan un entorno variado y estimulante a su hijo en crecimiento también le ofrecen la mejor oportunidad de convertirse en un adulto inteligente y con talento. Entre los dos y los cinco años, el cerebro humano es como un papel secante que absorbe enormes cantidades de información del mundo que le rodea. Esto no podrá ocurrir si el entorno infantil resulta aburrido y monótono.

Un mundo musical

«Muéstrame un niño musical y te mostraré a unos padres musicales.» Muchos niños acuden a clases de música, pero parece ser que aquellos cuyos padres son también musicales desarrollarán un talento temprano en este ámbito. Este hecho revela una característica interesante del aprendizaje infantil. El ser testigo del placer que un adulto siente al llevar a cabo una actividad en concreto parece tener un mayor impacto que recibir una educación formal. Si el niño observa que sus padres u otros modelos de rol disfrutan con alguna actividad, ello actuará como un potente estímulo para imitarles. Una casa siempre llena de música, por ejemplo, hará que la música sea una actividad importante en la mente del pequeño. El ejemplo más conocido es el de Mozart, quien se crió en una familia intensamente musical y, a su vez, comenzó a componer a los 5 años.

Lenguaje y clasificación

Los niños entre los 2 y los 5 años son capaces de absorber cantidades asombrosas de información verbal. Si son lo suficientemente afortunados de desarrollarse en un entorno multilingüe, aprenderán más de una lengua. Y, cuanto más temprano estén expuestos a este tipo de experiencias, más fácil les será afrontar el multilingüismo en el futuro.

Resulta asombroso cómo avanza un niño si está inmerso en un entorno estimulante. El americano William James Sidis era capaz de leer y escribir a los dos años; Charles Bennet, de Mánchester, podía hablar varios idiomas a los 3 años, y el filósofo británico John Stuart Mill leía griego a los 3 años. Estos ejemplos demuestran que el cerebro del niño en edad preescolar está frecuentemente infravalorado.

Los padres que convierten la recolección de información en un juego desarrollan una pasión por la identificación y la clasificación en sus hijos. Por ejemplo, un niño de 4 años viaja regularmente con su padre, quien juega a identificar la marca de los otros coches que les adelantan en la carretera. Pronto, el niño es capaz de identificar más de 100 marcas distintas. Esta habilidad en particular puede no tener una aplicación seria en el mundo adulto, pero activa y enriquece la parte del cerebro que se relaciona en general con la clasificación de objetos en el entorno. Cuando sea un adulto, ese niño en particular tendrá un cerebro capaz de ordenar la información con una enorme eficacia.

Estímulo mediante el ejemplo

Algunos padres impulsan a sus hijos para que desarrollen un mayor interés por una actividad en concreto, y se sienten decepcionados cuando el niño no quiere implicarse en ella. Esto se debe a que un niño se siente más estimulado por las actividades en las que el adulto muestra un interés genuino. Su cerebro es muy sensible a lo que los padres encuentran emocionante y divertido, y es extraordinariamente bueno detectando (e ignorando) el entusiasmo ficticio.

rasgos de la personalidad

Tan pronto alcanzan los 2 años, los niños comienzan a mostrar un tipo particular de personalidad. Lo más común a esta edad es un temperamento activo, cordial, egocéntrico y lleno de curiosidad. Entre los 2 y los 5 años, este patrón básico se ve modificado de varias maneras, dependiendo de la naturaleza innata del niño y de los obstáculos ambientales con los que se encuentra.

¿Activo o pasivo?

Aunque la mayoría de los niños en edad preescolar son extrovertidos e intensamente activos, algunos son, por naturaleza, más bien pasivos. Esta pasividad es más difícil de interpretar que los niveles elevados de actividad, porque puede ser el resultado del desarrollo de varios tipos de personalidad distintos.

Un niño con dificultades para interactuar con el mundo exterior puede, quizá, sufrir de una forma leve de autismo. O puede reflejar el hecho de que el niño se haya vuelto más introvertido, en cuyo cerebro hay mucha actividad, pero no siente el deseo de exteriorizar sus pensamientos. Cuando Aldous Huxley era un niño pequeño, su niñera lo vio sentado en silencio mirando por la ventana. Al preguntarle en qué pensaba, él respondió «piel». Está claro que toda una serie de pensamientos complejos surcaban su cerebro, pero no sentía la necesidad de compartirlos con otros.

Por el contrario, algunos niños desarrollan un temperamento pasivo porque realmente sus mentes se muestran poco activas. Y otros son callados porque se sienten tímidos en compañía. Un niño tímido tiene una personalidad activa y audaz en entornos familiares, pero callada y retraída en ambientes desconocidos. Finalmente está el niño sereno, tranquilo por naturaleza. Resulta decepcionantemente pasivo porque, en su modo de ser callado, tan activo como cualquier otro niño ruidoso, simplemente no alborota.

¿Dominante o sumiso?

Algunos niños son, por naturaleza, más bien confiados y seguros de sí mismos, incluso en compañía de extraños. Un niño cuyos padres le han colmado de alabanzas hasta el punto en el que se siente tremendamente importante, puede esperar un tratamiento similar por parte de los desconocidos. Con los adultos muestra un grado poco habitual de confianza; con otros niños busca ejercer un papel dominante y espera que los demás se sometan a su voluntad. Un niño así puede convertirse en un bravucón detestable o en un líder mundial, o quizá en ambos.

Los padres que conceden a sus hijos cualquier capricho pueden moldear a un niño con una excesiva seguridad en sí mismo y al que le costará adaptarse en sus primeros días en el colegio, cuando pierda el apoyo paternal y deba ser autónomo por primera vez.

El niño al que se elogia afectuosamente por sus puntos fuertes y sus logros, y recibe críticas suaves por sus fallos y puntos débiles, tiene mayores posibilidades de lograr un equilibrio saludable entre la dominancia y la sumisión en sus relaciones con los demás. Asumirá un papel dominante cuando sea el momento, pero no esperará tenerlo por derecho.

¿Valiente o precavido?

Algunos niños carecen de cualquier noción de prudencia y se lanzan a cualquier actividad sin importarle el peligro. Otros muestran una excesiva cautela al enfrentarse con una situación novedosa o arriesgada. No siempre resulta fácil alcanzar un equilibrio. La falta extrema de precaución puede ser elogiada como valentía o condenada como estupidez. La cautela extrema puede ser considerada como sentido común o como cobardía. Esta ambivalencia puede confundir a un niño pequeño.

Los pros y los contras de la personalidad

Existen muchas más personalidades «opuestas», como imprevisible o tranquilo, práctico o romántico, analítico o intuitivo y amable o egocéntrico. Un individuo con una infancia equilibrada alcanzará un término medio en la mayoría de los casos. Para algunos, un tipo de personalidad extremo puede llegar a ser una maldición, mientras que para otros será la base de sus grandes logros en la edad adulta.

diferencias de género

En ocasiones se afirma que los niños y las niñas sólo difieren en su comportamiento porque los adultos los tratan de manera distinta y se les imponen unos estereotipos. También se argumenta que si en la infancia se trata a los niños y a las niñas exactamente de la misma manera, desarrollarán el mismo tipo de personalidad e intereses, y desaparecerán las diferencias de género. Las investigaciones más recientes sobre el cerebro humano han demostrado que esto no es cierto. Desde el día de su nacimiento, los cerebros de los niños y las niñas muestran diferencias asombrosas, sobre todo en su funcionamiento.

Desarrollo temprano

En el vientre materno, el feto está sometido al efecto de las hormonas que afectan al desarrollo del cerebro. Como resultado de ello, incluso en esta etapa tan temprana del desarrollo, los cerebros masculino y femenino comienzan a mostrar diferencias en la manera de funcionar. Como estas diferencias no son evidentes a simple vista, algunos afirman que no existen. Las diferencias en la anatomía sexual de niños y niñas son tan obvias que no hay lugar a dudas, pero las diferencias de personalidad carecen de esta ventaja. De ese modo se llega a la eterna batalla entre los que creen que el comportamiento masculino y el femenino son un mito perpetuado por los adultos que dan espadas de juguete a los niños y agujas de coser a las niñas, y los que creen que las diferencias entre los sexos son innatas.

Solución de problemas

Afortunadamente hoy existen herramientas de investigación que permiten valorar las semejanzas y las diferencias en los cerebros de niños y niñas. Durante las últimas tres décadas se han desarrollado equipos especiales que nos permiten verificar la manera en la que funciona el cerebro humano, sin requerir de ningún proceso quirúrgico. Basta con colocar al sujeto dentro de una máquina para observar los cambios en la actividad cerebral mientras se enfrenta a distintas actividades. Así, se ha demostrado que los cerebros masculino y femenino funcionan de manera distinta cuando se enfrentan al mismo problema.

La herramienta más valiosa para estudiar la actividad cerebral es un equipo que produce imágenes por resonancia magnética. Se registra la actividad eléctrica del cerebro mientras el sujeto se enfrenta a distintas tareas, y los campos magnéticos y las ondas de radio se utilizan para generar imágenes de alta calidad. Estas imágenes nos muestran las zonas cerebrales que se activan cuando se soluciona un problema en particular. Si a un sujeto se le pide, por ejemplo, que resuelva una adivinanza verbal o un problema matemático, es posible ver cómo se iluminan zonas distintas en su cerebro, mientras que otras permanecen inactivas. Cuando se completan los registros, es posible comparar los cerebros masculinos con los femeninos para verificar las diferencias.

Tareas verbales y espaciales

Cuando los niños y las niñas se enfrentan a una tarea verbal, como decidir si dos palabras riman, un escáner cerebral revela que en el cerebro de un niño el hemisferio izquierdo es mucho más activo que el derecho. En el cerebro de una niña, al realizar la misma prueba, se activan ambos hemisferios. Esto significa que los niños y las niñas realmente piensan de manera diferente sobre las tareas verbales y las resuelven de manera distinta. También significa que el cerebro masculino está mucho más especializado que el femenino, y que emplea una parte del cerebro para un tipo de tareas y la restante para otras. El cerebro femenino, por el contrario, utiliza a menudo ambos hemisferios para solucionar problemas.

Los cerebros masculino y femenino también difieren entre sí porque el hemisferio derecho masculino es ligeramente mayor que el izquierdo. En las niñas ambos hemisferios apenas difieren en tamaño. Como resultado de ello, los niños cuentan con ventaja al resolver problemas espaciales (como la rotación mental de un objeto en el espacio), porque éstos se resuelven con el hemisferio derecho.

el hijo único

Ser hijo único tiene ventajas e inconvenientes. El hijo único cuenta con la atención completa de padres y abuelos, aunque esta bendición a veces resulta un tanto contradictoria. Pueden recibir más atención personal y un cuidado amoroso más intenso, pero las expectativas paternas también son mayores y ello hace que se encuentren sometidos a una mayor presión para que triunfen. Esto puede provocar una tensión innecesaria y una personalidad demasiado seria.

Inconvenientes

Antaño, cuando las familias numerosas eran lo habitual, el hijo único era considerado como una rareza desafortunada, mimada y consentida por sus padres. No sólo los padres contaban con un mayor tiempo para dedicarle, sino que también les preocupaba más su seguridad, ya que, en caso de fallecer, no les quedarían otros hijos. Toda inversión paternal recaía en este hijo y, como resultado de ello, recibía un trato distinto al de un niño con hermanos.

En consecuencia, el hijo único era más egoísta, engreído y obstinado que un niño con hermanos. Al mismo tiempo, se esperaba tanto de él que era susceptible de desarrollar cualquier tipo de ansiedad relacionada con una exagerada necesidad de éxito. Al carecer de hermanos o hermanas con quienes codearse cada día, sus habilidades sociales o de grupo también quedaban mermadas.

Ventajas

Estudios recientes han demostrado que las ideas del pasado a menudo carecen de fundamento, y que las ventajas de ser hijo único a menudo superan los inconvenientes. El contar con un medio más rico, uno que no debe ser compartido con otros, conduce a un mejor desarrollo intelectual. El hijo único es, por término medio, ligeramente más inteligente que uno que tiene hermanos.

El hijo único, por término medio, obtiene resultados excelentes. Sus padres así lo esperan y él se esfuerza por agradarles. Al igual que todos los individuos «tenaces», tiene tendencia a caer en la ansiedad si falla, y carece de las actitudes alegres, despreocupadas, de «esto es lo que hay», de los miembros de una familia numerosa, pero es el precio que un triunfador tiene que pagar.

El hijo único puede tener dificultades de socialización, pero, cuando pertenece a un grupo, muestra cualidades de liderazgo. Además, aunque el hijo único, por término medio, cuenta con menos amigos, tiene el mismo número de amigos íntimos. En otras palabras, puede carecer de la necesidad de tener una vida social muy activa, pero es igualmente capaz de forjar estrechos lazos de unión con compañeros especiales.

Sacar el mejor partido

Si el hijo único es más brillante y obtiene excelentes resultados, ¿cómo evitar el otro lado de la moneda, esto es, ser egoísta y poco sociable? Resulta claro que la inteligencia y motivación del hijo único provienen de una mayor atención y ánimo por parte de sus progenitores, pero ¿resulta fácil para ellos proporcionar estos beneficios sin crear lo que se ha llamado «un pequeño emperador»? La respuesta radica en asegurarse de que no esté demasiado solo y en introducirlo desde una edad temprana en grupos de juego donde se dé cuenta de que no siempre es el centro de atención. Los hermanos lo aprenden cada día en casa, pero el hijo único carece del juego físico de las actividades de grupo y las necesita. Si se le proporciona la total atención de los progenitores en casa y los efectos socializadores de los grupos de juego lejos del hogar, el hijo único puede disfrutar de lo mejor de ambos mundos, convirtiéndose en un triunfador que a pesar de ello continúe siendo un ser sociable y alegre.

¿Son frecuentes los hijos únicos en la actualidad?

En Occidente, el número de familias con un solo hijo es creciente; en la actualidad una de cada cinco familias tienen sólo un hijo. Los motivos principales son que las familias tienen hijos a una edad cada vez mayor, y las parejas no permanecen juntas tanto tiempo. Además, muchas mujeres trabajan fuera de casa, y todos estos factores favorecen la creación de familias más reducidas.

el orden de nacimiento

Los padres de familias grandes son conscientes de que, desde el momento del nacimiento, sus hijos pueden mostrar grandes diferencias de personalidad, incluso aunque se les trate de la misma manera y crezcan en el mismo entorno. Algunos de estos cambios se deben a variaciones genéticas, pero otros son el resultado del orden de nacimiento, es decir, si el hijo es el primero, el segundo, el tercero, y así sucesivamente. La adaptación a la llegada de un hermano afecta a la personalidad de cada niño.

El primogénito

En algunos aspectos, el primogénito tiene una personalidad similar a la del hijo único. Esto se debe, durante una temporada al menos y hasta que aparece el segundo hijo, a que el primero es el único niño de la familia. Habitualmente es trabajador, dedica más tiempo a los estudios y está más orientado al adulto. También necesita más de la aprobación del adulto que los niños nacidos posteriormente. Es menos despreocupado, más entusiasta y muestra mayor perseverancia. Comparado con los niños nacidos después, también es autosuficiente, independiente, poco expresivo y en ocasiones más bien tímido. Con el tiempo, prescinde de los placeres despreocupados de la infancia con más rapidez que sus hermanos, para volverse más serio y responsable y para intentar transformarse en un «pequeño adulto».

Una diferencia importante entre el primogénito y el hijo único es que, cuando crece, el primogénito no pasa una gran parte de su tiempo en casa solo. El hijo único se adapta a estar solo largos períodos de tiempo y puede incluso llegar a disfrutar con ello. La soledad no es algo que el primogénito deba llegar a superar.

Para el primogénito, el momento de la llegada del segundo hijo puede ser difícil. Si sus padres no manejan la situación con cuidado, y miman al recién nacido e ignoran al primogénito, la transición puede llegar a ser muy dolorosa. Los padres han de esforzarse a conciencia para desviar su atención del recién nacido y demostrar claramente que el amor hacia su primogénito aún sobrevive. Esto no resulta fácil, porque el nuevo bebé es exigente en lo que a atenciones respecta, pero resulta crucialmente importante para que el primogénito no se sienta desanimado ni desilusionado. El hacerle partícipe del cuidado y del juego con el nuevo bebé, y dedicarle un tiempo sólo a él, contribuirá a hacer más llevadera esta transición.

El segundo hijo

El segundo hijo es más fuerte, más despreocupado y menos sensible a las reprimendas de los adultos que el primogénito. Tiende a buscar el placer y reacciona con intensidad a las maravillas y la belleza de la vida. En algunos casos también puede mostrar una pizca de tozudez y rebeldía de la que suele carecer el primogénito.

Durante su desarrollo a veces el segundo hijo intenta competir con el primogénito y superarle en varias maneras. Si la situación de superioridad del primogénito resulta difícil de desafiar, este descubrimiento puede conducir a desarrollar astucia. Si resulta que no puede competir, comenzará a rebelarse. Si resulta que es menos competitivo, dejará los asuntos más serios a su hermano mayor y se centrará en la diversión y los juegos. En el proceso, se volverá menos práctico y más romántico, más un soñador que alguien preocupado por los asuntos mundanos.

El tercer hijo

El tercer hijo ha sido descrito como el «que no encaja», que es más bien comedido y tímido, con el que a veces es difícil convivir, pero que compensa este hecho al convertirse en una especie de visionario.

El problema especial con el que se enfrenta el tercer hijo es que sus dos hermanos mayores han desarrollado un vínculo entre ellos antes de que él llegase a existir. Llega al mundo para encontrarlos unidos entre sí, y él les mira desde el exterior. Desde el principio descubre que se le excluye de algunas actividades porque es «demasiado pequeño» y se le deja enfurruñado o enfadado mientras los dos hermanos se van juntos. Puede reaccionar a esta situación de dos maneras: puede esforzarse para alcanzar a sus hermanos mayores y compartir su posición superior, o puede renunciar y construir una pared emocional a su alrededor, en cuyo interior crea sus metas personales. Su mayor problema es evitar una sensación de inferioridad, sentirse menospreciado o rechazado. Si, a pesar de sus esfuerzos de pertenencia, llega a sentirse como un extraño, puede volverse desconfiado.

El cuarto hijo

El cuarto hijo suele ser típicamente como el primero y repite sus cualidades. El quinto es como el segundo; el sexto, como el tercero, y así sucesivamente.

diversidad familiar

Existen tantas posibles variantes en la estructura cronológica familiar que las predicciones sobre
las personalidades de los hijos únicos, los primogénitos, los segundos y los terceros deben siempre
considerarse como tendencias y no como reglas fijas. Al estudiar un número elevado de niños,
las diferencias son válidas, pero siempre existirán individuos que no se ajusten al patrón general.
Esto se debe a la enorme diversidad de circunstancias familiares, desde la diferencia de edad
hasta el entorno social.

Diferencias de edad

Por ejemplo, un hijo primogénito que debe esperar cinco años
hasta la llegada de un hermano tendrá más rasgos de personalidad
de un hijo único que otro cuyo hermano llega con rapidez, al
cabo de un año. El primogénito que cumple 5 años como hijo
único en el núcleo familiar desarrollará la personalidad de un
hijo único antes de que la influencia de un hermano comience
a dejar huella. Cuando transcurre un período largo entre la llegada
de hermanos, las diferencias de personalidad entre los niños no
necesariamente serán las típicas de su posición según el «orden
de nacimiento».

Contacto con los vecinos

La arquitectura también desempeña un papel importante e
influyente en la personalidad según el «orden de nacimiento».
Por ejemplo, el hijo único de una familia que vive en un enclave
en el que los niños de los vecinos más cercanos se relacionan con
libertad será menos solitario que un niño que crece en una casa
aislada, sin vecinos próximos. Los niños urbanos tienden a estar
más aislados que los niños que habitan en los suburbios, y éstos,
a su vez, lo están más que los niños de un pueblo. Los niños que
viven en tribus pequeñas, donde las unidades familiares se
relacionan más, son los menos aislados, y las diferencias según
el «orden de nacimiento» son menos marcadas. Además, los
niños desfavorecidos que viven en barrios bajos o guetos tienen
más tendencia a relacionarse socialmente que los niños ricos
que viven en mansiones o grandes propiedades.

Estos factores, y otros externos, influyen en el desarrollo de la
personalidad y dan pie a variaciones en las reglas generales que
rigen el «orden de nacimiento». No obstante, es cierto que en
la mayoría de las familias las diferencias de personalidad entre
el primero, el segundo, el tercero y los hijos subsiguientes, tal
y como se describen aquí, generalmente coinciden y ayudan a
explicar las diferencias de personalidad que se observan entre
los hijos.

gemelos y trillizos

Con los gemelos o los trillizos se cuestionan las reglas del «orden de nacimiento». ¿Cuál de los gemelos será el mayor? ¿Se pelearán continuamente? Por suerte, uno de ellos siempre nace algunos minutos antes que el otro y los padres siempre parecen recordar esta diferencia, refiriéndose a uno de los gemelos como el «mayor», incluso si la diferencia de edad es sólo de unos cuantos minutos.

Curiosamente, los propios gemelos lo mencionan cuando surge el tema de quién es el mayor. Aunque la diferencia de edad es trivial, la necesidad de una «jerarquía» entre los hermanos es tan grande que, por ejemplo, una diferencia de 20 minutos se considera como si fuese de 20 meses; sobre esta base, se normaliza de modo artificial la relación fraternal.

Durante unos cuantos años, el hecho de ser un gemelo genera una actitud compleja hacia el compañero. Debido a su gran parecido, poco habitual, ambos se vuelven muy cercanos, como si fueran dos elementos de un único individuo. Esto ocurre sobre todo con los gemelos idénticos. Por otra parte, al no existir una jerarquía clara, física o mental, del tipo que se aprecia entre hermanos con varios años de diferencia entre ellos, se refuerza la competitividad. Estas dos características propias de los gemelos, mayor unicidad y mayor antagonismo, a menudo crean una complicada relación ambivalente a la que nunca se enfrentará un hermano nacido de un parto único.

Estudios de gemelos

Hasta hace poco y con asiduidad se estudiaba a los gemelos que eran separados al nacer, para conocer los factores que ejercen influencia en su desarrollo: la herencia (variaciones debidas a diferencias genéticas), el entorno compartido (aspectos del entorno comunes a todos los gemelos) y los entornos no compartidos (aspectos del entorno que pueden ser distintos dentro de la familia como resultado del «orden de nacimiento», la escuela a la que han asistido, el tratamiento diferencial que les dan sus padres y así sucesivamente). Hoy en día, como ya se ha mencionado con anterioridad, los avances en las técnicas de análisis genético ofrecen a los científicos una menor dependencia de esos estudios y contribuyen a potenciar el eterno debate nacer/se hace en el que los gemelos, ya sean idénticos o no, constituyen un tema de estudio fascinante.

la travesía física

el cuerpo crece

Cuando un niño cumple 2 años, la velocidad de crecimiento decrece de forma significativa.
Ya no se registra el rápido incremento propio de los primeros años. A partir de este momento,
la estatura aumentará alrededor de 6,5 a 9 cm cada año. En cuanto al peso, éste se incrementa
entre 1 y 2,75 kg al año.

Sin embargo, aunque este incremento en estatura y peso sea menos espectacular, entre los 2 y los 5 años el cuerpo de un niño pasa por un progresivo cambio de proporciones. También mejoran de forma constante la coordinación y las habilidades motoras. Este crecimiento se ve estimulado por las hormonas de crecimiento segregadas por la glándula pituitaria, aunque se cree que el entorno y la genética son factores que influyen en el desarrollo.

Un cuerpo más esbelto

Cada año se producen cambios considerables en el cuerpo de un niño, ya que sus brazos y piernas crecen proporcionalmente más que el resto de su cuerpo. Es como si durante los primeros años la cabeza y el tronco se adelantaran en su crecimiento a las extremidades. Después, a los 2 años, las extremidades comienzan a estirarse y se recuperan, con lo que se consigue un mejor equilibrio entre cabeza y torso: a los 3 años, la cabeza de un niño constituye aproximadamente una sexta parte de su estatura corporal; a los 5 años, oscila alrededor de una séptima parte. Al mismo tiempo, las curvas redondeadas del bebé dan paso a una forma más angulosa. Los músculos magros sustituyen a la grasa corporal, y la barriga prominente desaparece. La estructura más erguida es cada vez más fuerte, en línea con un estilo de vida más activo. Conforme el niño progresa de los 2 a los 5 años, se incrementa proporcionalmente el tamaño de la parte inferior de la cara, al desarrollarse los dientes y la mandíbula.

Control de esfínteres

Prácticamente todos los niños desarrollan la habilidad de mantenerse secos entre los 2 y los 5 años. A los 5 años, la mayoría de los niños han desarrollado el control total de su vejiga, tanto de día como de noche. Durante el día, este problema suele controlarse desde una edad muy temprana, entre los 2 y los 5 años. El control nocturno progresa con mayor lentitud: a los 5 años, un 15 por ciento de los niños aún moja la cama de forma ocasional.

El control de la defecación suele alcanzarse a los 4 años y los accidentes suelen ser muy raros después de esta edad.

El niño activo

El niño en crecimiento necesita expresarse a diario mediante el ejercicio físico, al que debe seguir un largo período de descanso nocturno. Su dieta debe ser equilibrada y variada para impulsar su actividad y continuar su crecimiento.

Uno de los peligros a los que hoy se enfrenta el niño en edad preescolar es la carencia de suficientes espacios abiertos seguros que satisfagan su necesidad de actividad física vigorosa. Con demasiada frecuencia el niño urbano se ve obligado a reducir su impulso físico natural, lo que puede resultar problemático. Se calcula que, en los países desarrollados, un 14 por ciento de los niños en edad preescolar sufre obesidad. Hace treinta años la cifra era del 5 por ciento. A ello contribuye la prevalencia de la televisión como medio de entretenimiento. Esto no quiere decir que deba prohibirse la televisión a los niños, pero sí que no debería interferir con su actividad física y que sólo debe verse durante un período de descanso.

Por fortuna, los niños son sorprendentemente fuertes y pueden desprenderse con rapidez de unos cuantos kilos de más y mejorar su condición física en un entorno adecuado. Para algunos, esto únicamente ocurrirá cuando disfruten del deporte y de la clase de gimnasia en la escuela.

Ritmos de crecimiento habituales

Aunque cada niño es distinto, existen pesos y estaturas medias para niños entre los 2 y los 5 años (*véanse* páginas 58-59 y 110-111). Resulta interesante el hecho de que la estatura varíe menos que el peso. Esto se debe a que el crecimiento óseo es más estable que la cantidad de grasa corporal, que se acumula en función de los hábitos de alimentación y el ejercicio físico.

motricidad gruesa

Durante el emocionante viaje que supone el crecimiento de un niño entre los 2 y los 5 años, su cuerpo y sus músculos se desarrollan y fortalecen. Al mismo tiempo, los sistemas óseo y nervioso maduran, lo que proporciona al niño un mejor control sobre sus movimientos musculares. En consecuencia, se produce una mejora progresiva tanto en la motricidad gruesa como en la fina (*véanse* páginas 34-35). La motricidad gruesa comprende aquellas actividades que incluyen el movimiento de todo el cuerpo, tales como caminar, correr, sentarse, escalar y otros movimientos atléticos, y parecen desarrollarse ligeramente más deprisa en los niños que en las niñas, lo que da a aquéllos una ventaja en las actividades al aire libre.

Fuerza muscular

Una de las grandes alegrías de un niño de 4 o 5 años es descubrir la emoción que proporciona la actividad muscular intensa. Cada día le aporta una nueva experiencia física, una manera novedosa de moverse, saltar, correr o escalar. Es como si la camisa de fuerza que mantenía al bebé indefenso, condenado a la inmovilidad, desapareciera de repente, liberando la energía acumulada. Los niños podrán hallar maneras de explorar esta nueva faceta física en casa o en los parques y espacios abiertos.

Ver a un niño en edad preescolar que corre libremente en la playa es observar nada más y nada menos que la esencia misma de la alegría de vivir. Un pequeño atleta ha emergido de su cascarón y se lanza al mundo con desenfreno. Conforme se desarrollan los patrones de juego informal, éstos revelan la manera en la que el niño inventa un tema de manera espontánea y después comienza a variarlo. Esta «variación temática» constituye la base del pensamiento creativo. En estos momentos se encuentra en un nivel primitivo y se enfoca en el movimiento y la actividad

corporales. Más tarde se convertirá en la base de la innovación humana en ámbitos tan diversos como el arte o la ciencia.

El niño que juega en la playa experimenta con nuevos tipos de movimiento, correr, saltar o brincar, y se tira al suelo, rueda sobre sí mismo y toca la suave superficie con las manos. Va y viene para evitar las olas, persigue una pelota, cava en la arena y dibuja sobre la superficie mojada con un palito.

Lo más destacado de todas estas actividades es que no requieren de motivación o instrucción ninguna. Existe una energía interna no sólo para la actividad física intensa, sino también para variar esta actividad en la medida de lo posible. Los patrones de juego primarios no están impuestos, son espontáneos. Los patrones de juego secundarios se añaden ávidamente a los primarios. Estos sí que conllevan un cierto grado de dirección por parte de los padres en forma de juegos simples con reglas básicas, como lanzar una pelota, tirar a una portería o juegos de persecución.

Habilidades físicas

Entre los 2 y los 5 años el niño aprende a dominar muchas habilidades físicas básicas, como subir y bajar una gran escalera o una de mano, guardar el equilibrio sobre un pie y mantenerse en esa posición durante un tiempo, saltar con ambos pies o con uno solo sin moverse del lugar, lanzar una pelota, atrapar objetos que se le han lanzado, saltar sobre un pie o a la comba y girar sobre sí mismo como un derviche.

El adulto puede animar a un niño en esta fase del desarrollo con las siguientes actividades:

Balancear, doblar, rebotar, atrapar, escalar, reptar, bailar, galopar, colgarse, cargar, golpear, saltar, saltar a la pata coja, dar patadas, brincar, levantar, hacer cabriolas, estirar, empujar, cabalgar, rodar, correr, resbalar, pisar, estirar, mecer, columpiar, retorcer, girar, lanzar, dar volteretas y caminar.

Es posible que esta lista no esté completa, pero muestra la asombrosa versatilidad del cuerpo humano y la emocionante gama de movimientos y acciones que puede realizar un niño en edad preescolar. Muchas de estas actividades se pueden realizar en el parque, y las clases de gimnasia preescolar son el lugar perfecto para ayudarle a ganar confianza y destreza.

motricidad fina

La motricidad fina implica la realización de actividades más precisas y coordinadas con las manos, muñecas, dedos, pies, dedos de los pies, labios y lengua. Al igual que la motricidad gruesa (*véanse* páginas 32-33), la fina experimenta una mejora considerable durante los años preescolares, período en el que se realizan avances importantes en la coordinación entre ojo y mano, así como en destreza y fuerza dactilar. Las niñas tienden a dominar las habilidades motoras finas antes que los niños, lo que les otorga una «ventaja en las actividades de interior» en contraposición a los niños, que tienen la «ventaja en actividades al aire libre».

Destreza con los dedos

La mano humana cuenta con dos posiciones de prensión: palmar y de precisión. La prensión palmar implica sujetar un objeto rodeándolo con los cuatro dedos por una parte y con el pulgar por la opuesta. En esta posición, los cuatro dedos funcionan como uno solo. Por el contrario, en la prensión de precisión cada dedo realiza un trabajo distinto. En la posición de prensión de precisión típica se emplean sólo el pulgar y el índice, que se juntan uno frente a otro para recoger, sujetar o mover un objeto pequeño. Algunas actividades requieren modificar la precisión, y así se utiliza más de un dedo en contraposición al pulgar.

Para la escritura, la pintura y el dibujo de precisión, el pulgar se coloca frente a los dos primeros dedos. A veces los niños muy pequeños sujetan el lápiz o el pincel entre el pulgar y los cuatro dedos, y refinan el movimiento conforme se hacen mayores.

El uso de las tijeras ofrece una serie de variantes de este movimiento. Puede comenzar como una acción entre el pulgar y el índice. Más tarde mejora para convertirse en una acción conjunta del pulgar y un segundo dedo, mientras el índice actúa como dedo de soporte (*véase* también Uso de las tijeras, páginas 62-63).

Las actividades de más precisión, como doblar, plegar, girar o rotar, suponen el uso de los cinco dedos pero, a diferencia de la prensión palmar, sólo se utilizan las puntas de los cuatro dedos y el pulgar.

En general, el niño en edad preescolar mejora poco a poco sus movimientos de sujeción con los dedos conforme usa menos de ellos. Esto también es evidente en las acciones que no implican sujeción, como señalar. Un bebé señala en una dirección con los cinco dedos. Hacia los 18 meses, refina este movimiento para lograr la versión adulta de esta acción, y extiende únicamente el índice.

La acción de pulsar un botón también se refina de la misma manera. Aunque el desarrollo tardío de la acción de señalar pueda resultar insignificante, la incapacidad de realizarla se ha relacionado con el autismo: comprobar que este movimiento se ejecuta correctamente forma parte de una serie de pruebas que se llevan a cabo para identificar rasgos autistas.

Mejorar la manipulación

Para el niño, la mano es un órgano que da palmas, toca y sujeta, pero con el transcurso de los años se emplea cada vez más como una herramienta de precisión. Es precisamente esta destreza la que ha desempeñado un papel vital en nuestra historia evolutiva, y nos ha aportado la oportunidad de aprender complejas habilidades manuales y desarrollar intrincadas tecnologías.

Las manos de un niño pequeño son torpes, pero en poco tiempo muestran mejoras destacables en lo que a precisión se refiere. Algunas de ellas son el resultado de la enseñanza práctica de un adulto, otras resultan de la simple observación y repetición de las actividades adultas, y las demás se deben al método de ensayo y error; el niño encuentra por sí mismo una versión más sofisticada de una forma de sujeción más primitiva.

Para conseguir un progreso, es preciso ofrecer repetidamente al niño en edad preescolar situaciones en las que la destreza manual constituya una ventaja. Algunos juguetes requieren una manipulación más delicada que otros y, si éstos se utilizan de manera habitual, estimularán la experimentación manual que conducirá al progreso motriz. Dibujar, pintar, modelar, cortar, ensartar cuentas, verter líquidos y hacer rompecabezas contribuyen a mejorar la coordinación manual. Observar a niños que se concentran en la solución de este tipo de problemas deja en evidencia que se trata de mucho más que un mero entretenimiento.

diestro o zurdo

Al ser escolarizados los niños se dividen diestros o zurdos. Al igual que ocurre con los adultos, el 10 por ciento es zurdo y el 90 por ciento, diestro. No obstante, entre los niños en edad preescolar esta diferencia no es tan clara y, de hecho, un niño puede confundir a sus padres al actuar como un zurdo un día y como un diestro al siguiente.

La ambigüedad inicial

Durante los primeros meses de vida, un bebé no ofrece indicios claros sobre si será diestro o zurdo. Con el paso del tiempo mostrará una preferencia por la izquierda, luego por la derecha, luego nuevamente por la izquierda, y así sucesivamente, como si de un péndulo se tratara. A los 2 años la mano derecha suele ser la dominante, pero medio año más tarde vuelve la confusión, y ninguna de las dos manos domina. Esto dura un año más, hasta que el niño tiene 3 años y medio. Es en este momento cuando se desarrolla de modo gradual una preferencia; a los cuatro años, esta preferencia queda bastante fija para el resto de la vida.

Mucho se ha escrito sobre la personalidad especial del niño zurdo, al que ha llegado a calificarse de rebelde, excéntrico o desvalido. En algunas culturas se realizan grandes esfuerzos para evitar que los niños sean zurdos, y se les llega a obligar a que usen la mano derecha, incluso en contra de su voluntad. La verdad es que, a pesar de los cuentos y la sabiduría popular, hay muy pocas diferencias, en general, entre las personalidades de los diestros y los zurdos.

Lateralidad

En general con el término *lateralidad* se hace referencia a ser diestro o zurdo, pero las manos no son la única parte del cuerpo que muestra esta preferencia. Los niños utilizan, por ejemplo, preferiblemente el ojo izquierdo o el derecho, y ello resulta evidente cuando se pide a un niño que utilice un telescopio, el cual llevará de forma instintiva a su ojo dominante. Lo mismo ocurre si mira por un microscopio o una cámara de fotos. Sorprendentemente, la mayoría de las personas desconocen cuál es su ojo preferente, pero, cada vez que miran algo, uno de los ojos trabajará un poco más que el otro.

A menudo se afirma que un futbolista profesional tiene «una buena izquierda» o «un pie derecho fuerte», o que dio al balón con «su pierna favorita». Esa lateralidad era patente desde que tenía 4 o 5 años, y le ha acompañado desde entonces. Cuando un niño en edad preescolar juega a dar patadas a una pelota, resulta fácil detectar cuál de sus pies es el dominante; usará este pie con mayor frecuencia, en especial a primera hora del día.

Asimismo, cada niño desarrolla un sesgo para el pulgar que domina sobre el otro. Observe cómo junta sus manos y entrecruza los dedos. Cuando lo haga, observará cómo uno de los pulgares, el dominante, se superpone al otro.

Existen muchas otras maneras en las que una parte del cuerpo prevalece sobre la otra. ¿Emplea el niño siempre una mano en particular para lanzar una pelota, por ejemplo? Si escucha un sonido lejano, ¿gira ligeramente la cabeza para dar preferencia a la oreja izquierda, o la derecha?

Si a cada niño en particular se le verificaran sus preferencias laterales, resultaría extraño encontrar uno en el que todas estén en la izquierda o en la derecha. Casi siempre existirá una preferencia general por uno de los lados, pero al mismo tiempo algunas partes del cuerpo trabajarán con el lado contrario.

hábitos de alimentación

El ser humano ha evolucionado como un omnívoro y se alimenta de una dieta variada. Uno de
los problemas con los niños en edad preescolar es que, con frecuencia, prefieren un tipo de alimentos
y se resisten a probar nuevos sabores, especialmente los fuertes.

Es importante recordar que no hace mucho, cuando era
un lactante, su dieta no era en absoluto variada, ya que
estaba compuesta exclusivamente por una sustancia dulce.
Como consecuencia de ello, los sabores dulces son aún los
preferidos entre los 2 y los 5 años, lo cual resulta perfectamente
normal. La gran diferencia es que el niño en edad preescolar
es cada vez más activo, cuenta con una energía ilimitada, y esta
necesidad de energía requiere de una dieta que proporcione
una gama mucho más alta de nutrientes esenciales.

Obligar a un niño a probar nuevos alimentos puede provocar
reacciones muy negativas que serán difíciles de eliminar
cuando el niño sea mayor. Así pues, lo mejor será proceder
lentamente, pero con seguridad; al final lo conseguirá. Una técnica
que parece funcionar consiste en colocar pequeñas cantidades
de un alimento nuevo junto a uno conocido o favorito. Si el niño
se siente receloso, puede tomarse su tiempo para probar este
nuevo alimento.

Cantidades pequeñas y con frecuencia

El tamaño del estómago de un niño es aproximadamente el de
su puño. Lo ideal, pues, entre los 2 y los 5 años es que el niño se
alimente con frecuentes porciones pequeñas de comida en lugar
de pocas, más generosas. Esto no siempre es lo más cómodo, pero
el problema se soluciona intercalando en las comidas principales
varios tentempiés. Los padres se suelen preocupar cuando sus
hijos pequeños no comen mucho durante las comidas principales,
pero el estómago es capaz de decir cuándo está lleno y cada niño
conoce sus propias necesidades. Los adultos deben adaptarse a la
idea de alimentarlos a base de tentempiés más que de banquetes.

Un equilibrio saludable

La ingesta calórica recomendada para un niño de 13,5 kg oscila
entre las 700 y las 1.700 calorías diarias, pero no tiene mucho
sentido ajustarse a un número de calorías prefijado porque podría
ingerir un número muy elevado en un día y muy poco al siguiente.
Tiene más sentido vigilar la calidad y la variedad de la dieta.
El niño pequeño necesita una ingesta diaria de carbohidratos,
proteínas, vitaminas y minerales. Los carbohidratos ricos en
energía, junto con la fibra y algunas vitaminas y minerales, pueden
obtenerse a partir del pan, los cereales, las frutas y las verduras.
Las proteínas y otras vitaminas y minerales, especialmente el
hierro y el zinc, pueden obtenerse de la carne. Y las proteínas
y el calcio están contenidas en los productos lácteos.

Los adultos que siguen una dieta restrictiva –vegetarianos,
frugívoros o vegetarianos estrictos, por ejemplo– deberían evitar
que los niños pequeños sigan su mismo régimen. Este tipo de
dietas restringidas no son adecuadas para las necesidades de un
cuerpo en crecimiento como las de un niño en edad preescolar.
Se desarrollará mejor si se le proporciona una dieta omnívora
y variada con la que ha evolucionado con éxito nuestra especie.
Por ejemplo, sólo la carne confiere la proporción correcta de los
ocho aminoácidos que un cuerpo humano en crecimiento necesita
como parte de una dieta saludable.

salud y bienestar

Entre los 2 y los 5 años los niños sufren a menudo de enfermedades menores. Es la época de la vida en la que se adquiere la inmunidad hacia varios gérmenes patógenos, a los que el sistema del niño se torna gradualmente más resistente. Aunque se trata de un proceso útil en general, siempre persiste el riesgo de que alguna de las enfermedades sea más que una molestia pasajera; es necesario permanecer alerta.

Tos y resfriados

Podría parecer que el niño en edad preescolar siempre está resfriado. Incluso un niño saludable puede sufrir entre cinco y ocho resfriados al año. Al llegar a la edad escolar, habrá generado los suficientes anticuerpos para protegerle, con lo que se reducirá la incidencia de resfriados a una media de dos o tres por año. La razón de que los resfriados no desaparezcan es que existen más de 200 tipos de virus distintos; resulta prácticamente imposible desarrollar inmunidad frente a todos ellos.

Los niños que acuden a las guarderías sufren más resfriados que los que permanecen en casa. La razón es obvia: en la guardería hay más niños; consecuentemente, hay un mayor riesgo de infección. El problema con los virus causantes del resfriado es que son capaces de sobrevivir durante varias horas en las manos de los niños, lo que significa que cualquier juego que suponga el contacto entre manos extenderá la infección a todo el grupo.

Protección temprana

Los bebés reciben las vacunas durante los primeros meses de vida y el niño en edad preescolar recibe rutinariamente dosis de recuerdo. Las vacunas contra la difteria, el tétanos, la tos ferina y la polio (una inyección), y el sarampión, las paperas y la rubeola (segunda inyección) son las más comunes. Estos refuerzos preescolares ayudan al niño a desarrollar una fuerte resistencia a estas enfermedades si se enfrentara a ellas durante el período escolar. Otras vacunas no rutinarias, como la BCG contra la tuberculosis, también se aplican en zonas en las que el riesgo de entrar en contacto con este virus son mayores.

Mantener la higiene

Algunos niños disfrutan al ensuciarse durante el juego; otros se mantienen excesivamente limpios. En lo que a la salud concierne, ambos extremos entrañan sus peligros. El niño que disfruta ensuciándose tiene más tendencia a infectarse con los virus, mientras que el otro puede infectarse en las raras ocasiones en las que se vea expuesto a ellos. Un término medio, que permite adquirir una inmunidad natural sin asumir riesgos innecesarios, es la solución ideal para un niño sano.

Con un turismo cada vez más global y los viajes al extranjero cada vez más comunes, es importante que al niño se le ofrezca protección adicional en países extranjeros. Algunos de los destinos exóticos más atractivos se encuentran en países en los que persisten enfermedades muy peligrosas. Si éstas han sido erradicadas en casa, un niño pequeño será vulnerable a ellas y cualquier precaución higiénica resultará esencial.

La seguridad

Cuando un niño es muy pequeño, su cuerpo tiene debilidades que no todos los adultos saben distinguir. Por ejemplo, su campo visual es más reducido que el de un adulto y le resulta difícil distinguir las cosas con el rabillo del ojo. En consecuencia, es incapaz de procesar la información que recibe de su visión periférica. Este hecho le coloca en clara desventaja en una situación de tráfico intenso, por ejemplo. El vehículo que se aproxima puede parecer obvio al adulto, pero un niño pequeño no lo ve hasta que resulta demasiado tarde.

Un niño pequeño también tiene dificultades para detectar la dirección de un sonido de advertencia. Como resultado de ello, puede moverse hacia el peligro antes que alejarse de él. Asimismo, tiene la valentía del inocente: desconoce los peligros de un automóvil que se mueve a gran velocidad y no se siente vulnerable en lugares en los que un poco de temor le ayudarían a salvarse. Sus ideas acerca de las proporciones son ilógicas, y de ese modo considera que un vehículo grande se mueve más rápido que uno pequeño, o que las calles estrechas son menos peligrosas que las anchas. La falta de experiencia hace que construya sus propias reglas y a menudo éstas se basan en hechos irrelevantes, sacados de otro contexto. No sabe juzgar la velocidad a la que se mueven otras personas u objetos y, por lo tanto, sus cálculos, basados en estas ideas erróneas, son imprecisos.

Si ocurre más de un acontecimiento al mismo tiempo, un niño no será capaz de atender a varios elementos a la vez. Así pues, en caso de emergencia, una cadena compleja de eventos serán demasiado para él. Del mismo modo, puede distraerse con facilidad cuando se requiere de una concentración estricta. Puede actuar más por impulso que por reflexión cuidadosa y no siempre puede permanecer quieto cuando moverse suponga un peligro.

Debido a que los adultos le cuidan la mayor parte del tiempo, un niño tiende a pensar que todos los adultos le ayudarán. En una calle piensa que si él es capaz de ver a un conductor que se acerca a él, éste también debe ser capaz de verle igual de bien. Finalmente, su corta estatura evidencia que no siempre puede ver con claridad lo que pasa a su alrededor.

el sueño

En un mundo ideal, un niño pequeño se duerme con facilidad a la misma hora cada noche, duerme sin interrupciones hasta la mañana siguiente y se despierta fresco y listo para enfrentarse a un nuevo día. Por desgracia, no todos los niños son capaces de seguir este patrón nocturno y muchos de ellos tienen problemas para irse a dormir o se despiertan durante la noche. ¿Cuáles son las razones de ello?

¿Cuántas horas de sueño?

Al igual que los adultos, los niños pequeños difieren en la cantidad de horas de sueño necesarias cada noche. Una estimación somera serían unas 13 horas para un niño de 2 años, 12 para uno de 3, 11 para el de 4 y 10 para un niño de 5 años. Sin embargo, existen grandes variaciones entre individuos, y siempre y cuando el niño goce de un sueño regular, tranquilo y sin interrupciones, el hecho de dormir una o dos horas más o menos no ofrece mayor relevancia.

De promedio, los niños de hoy en día duermen menos que el tiempo recomendado por los expertos. Este hecho es preocupante, ya que el hecho de no ir a dormir o un sueño interrumpido puede afectar al desarrollo neurológico del niño, lo que puede llevar a ocasionar problemas de aprendizaje o de comportamiento, como la hiperactividad. Los niños que duermen mejor durante la noche tienden a ser capaces de mantener la atención por más tiempo, son más sociables y menos exigentes.

¿Qué tipo de sueño?

El tipo de sueño del que un niño disfruta cambia gradualmente con la edad. La mitad del tiempo de sueño de un bebé es del tipo REM (*rapid eye movements*: «movimientos oculares rápidos»). Entre los 2 y los 5 años, la cantidad de sueño REM, en relación al tiempo total de sueño, desciende gradualmente del 25 al 20 por ciento. Resulta interesante que el sueño REM sea el tiempo durante el cual soñamos, lo que parece indicar que cuanto más jóvenes somos, mayor es la necesidad de soñar.

Las siestas

Entre los 2 y los 5 años los niños dejan gradualmente de dormir durante el día. Al igual que ocurre con otros tantos patrones infantiles, existe una gran variedad y resulta más fácil dejar que el niño tome la iniciativa. Conforme se deja de dormir la siesta, muchos padres proporcionan un «tiempo de silencio» durante la tarde para que el niño pueda relajarse.

Pesadillas

Cerca del 20 por ciento de los niños de 5 años sufre pesadillas, pero, felizmente, éstas no parecen tener consecuencias a largo plazo. Ser testimonio de un incidente violento es una de las causas principales. En su memoria permanece algo realmente terrible que no es capaz de asimilar; en sueños, volverá la confusión y revivirá un momento de violencia que le despertará.

Otra causa podría ser una tristeza secreta, como sentirse acosado por un hermano mayor, que el niño se lleva a la cama y no puede compartir con sus padres. Si tiene miedo a volver a ser acosado al día siguiente, pero no se lo explica a nadie, la experiencia resurgirá en forma de pesadilla.

Un niño que se despierta durante una pesadilla suele ser capaz de describirla. Al día siguiente incluso puede ser capaz de dibujarla. A partir de estas descripciones puede ser posible detectar la causa del problema y su tratamiento.

Terrores nocturnos

Los terrores nocturnos son más espectaculares y alarmantes que las pesadillas, pero, por suerte, son mucho menos comunes y la mayoría de los niños los dejan atrás con rapidez. Durante un episodio de terror nocturno, un niño parece estar despierto, pero en realidad está profundamente dormido y se ha despertado parcialmente de una profunda fase de sueño no REM, por lo habitual durante la primera hora después de haberse dormido. Sus ojos están abiertos, su mirada hacia el frente, suda y habla, o se grita a sí mismo, y no percibe al progenitor que se halla próximo. Los abrazos y los consuelos parecen no tener efecto. Todo lo que los padres pueden hacer es encender la luz y asegurarse de que el niño no se haga daño o salga de la habitación. Los terrores nocturnos duran unos cuantos minutos y los niños no suelen recordarlos al día siguiente.

libertad de movimiento

El niño experimenta un desarrollo considerable en su locomoción durante los años preescolares. Es el resultado de tres cambios físicos importantes entre los 2 y los 5 años. El primero es el desarrollo de una musculatura mucho más fuerte, el segundo es la mejor coordinación de los movimientos de las extremidades y el tercero, un mejor sentido del equilibrio. Estos tres avances ayudan a convertir al más bien torpe pequeño de dos años en un niño vivaz y atlético de cinco.

Los primeros pasos

Casi todos los niños aprenden a caminar entre el primero y el segundo año de vida. Al principio mantienen las piernas más bien separadas y suelen dudar a cada paso que dan, mueven el cuerpo de un lado a otro con cada paso y los brazos permanecen extendidos al frente, como si se anticiparan a una caída.

Al llegar a los dos años comienza una etapa en la que este modo de andar, más bien torpe, mejora gradualmente. Los pies caminan más juntos y los brazos se sitúan más próximos a los costados. La acción de caminar descansa menos sobre todo el pie y se parece más a la acción talón-punta de un adulto. Conforme transcurre el año, comienza a correr pequeños tramos, a la vez que experimenta con los saltos arriba y abajo. No obstante, el mantener el equilibrio sobre un pie requiere de una enorme concentración.

Dado que la locomoción es una actividad tan novedosa para el niño de dos años, suele cometer errores que dan lugar a tropiezos y caídas. Cuando esto ocurre, el niño suele sentir frustración, lo que requiere una enorme cantidad de simpatía por parte del cuidador. El mundo ideal para un niño activo de 2 años es el que permite un aterrizaje suave, sobre una alfombra gruesa, la hierba o la arena.

Caminar con confianza

Después de un año de práctica, el niño de tres años se ha convertido finalmente en un caminante competente y confiado. Al sentirse ágil sobre los pies, disfruta cuando realiza tareas que impliquen caminar, saltar o correr. Le entusiasma la fuerza muscular adicional de sus piernas y, al jugar, disfrutará a menudo al detenerse y volver a ponerse en marcha, o al girar con rapidez a derecha e izquierda. Esta libertad de movimiento es un maravilloso pasatiempo y lo disfruta al máximo. Sin embargo, aunque caminar y correr le resulta fácil, puede aún tener ciertos problemas para mantenerse de puntillas. Esta posición puede ser difícil y requiere de un esfuerzo de concentración especial.

Los niños de 3 años mejoran gradualmente en su capacidad para mantener el equilibrio, ya que no se ven obligados a mirar al suelo al caminar. En un ensayo especial, la mitad de los niños de tres años fueron capaces de caminar una distancia de hasta 3 metros sobre una línea blanca de 2,5 centímetros de ancho sin desviarse.

El niño de 3 años también es capaz de recorrer una distancia de 3 metros y, con un gran esfuerzo de concentración, mantener el equilibrio con un pie en alto durante 4 segundos. También puede realizar un salto de longitud, es decir, saltar hacia delante desde una posición de pie, y cubrir una distancia de hasta 25 centímetros. Es capaz, asimismo, de dar hasta tres saltos sobre un pie, aunque sin mucha precisión ni ritmo.

Caminar con precisión

A los 4 años, un niño puede seguir un recorrido circular dibujado en el suelo sin desviarse. Puede dar hasta seis saltos sobre un pie.

De caminar a correr

A los 5 años, el niño en edad preescolar es capaz de mantenerse sobre un pie con los brazos cruzados sobre el pecho durante 5 segundos. Correr se convierte en un proceso racional, y los brazos realizan el suave movimiento alternado y recíproco que realizan los adultos.

Al correr también aumenta la velocidad: un niño de 5 años es capaz de recorrer 3,5 metros en un segundo.

Cuando el niño de 5 años está a punto de llegar al final del período preescolar, es capaz de saltar con ritmo sobre un punto en concreto, cambiar de un pie al otro y saltar con precisión en grandes cuadrados pintados con tiza en el suelo. Puede dar hasta 10 saltos hacia delante sobre un pie y alcanzar una altura de hasta 90 cm. Caminar con saltos (brincar con un pie y caminar con el otro) es todavía precoz en esta edad.

encaramarse y trepar

A casi todos los niños en edad preescolar les gusta escalar. En el descenso no son tan buenos, pero subir siembre resulta emocionante. Los primeros signos de su pasión por esta actividad aparecen cuando un niño intenta subirse a un sofá o sillón, una actividad que precede a subir las escaleras a gatas. Cuando ha aprendido a caminar, se presenta la emoción de subir las escaleras, en primer lugar con un asidero y apoyando ambos pies en cada escalón, para más adelante no sujetarse e ir alternando los pies. Finalmente viene el descenso, más difícil.

Algunos expertos conceden una gran importancia a la práctica de rutinas diarias que impliquen trepar. Argumentan que el trepar es una actividad compleja que promueve el buen desarrollo cerebral, la fuerza muscular, el desarrollo del sistema nervioso, la coordinación de las extremidades y el equilibrio.

Una de las formas más divertidas de jugar a trepar consiste en encaramarse a la parte superior de una pendiente, mantenerse de pie en la parte más alta y luego saltar hacia la suave superficie, más abajo. Esta actividad puede repetirse una y otra vez. En una etapa un poco más avanzada, los parques cuentan con estructuras bajas para trepar, adecuadas para el niño en edad preescolar, donde puede disfrutar con pequeños riesgos siempre bajo la atenta supervisión adulta. En el campo, los árboles pequeños o los troncos caídos proporcionan todo un reto, aunque al principio el niño suele pedir al adulto que se quede cerca por si se quedara atrapado y no pudiera continuar el ascenso o el descenso.

Los toboganes en los parques solucionan el problema del descenso. El niño pequeño trepa con valentía los escalones que conducen hacia la parte superior del tobogán y después evita la desagradable e incómoda experiencia de volver a bajar hacia atrás, ya que puede deslizarse por el tobogán. De nuevo, esta actividad se repetirá una y otra vez, y mostrará lo emocionante y gratificante que es para un niño pequeño conquistar una altura.

jugar a la pelota

La habilidad de un niño para lanzar y atrapar se desarrolla de modo considerable entre los 2 y los 5 años. Es muy probable que un niño pequeño aprenda a lanzar un objeto por sí mismo y sin mucho entrenamiento, porque el hecho de lanzar es una acción tan primitiva de la especie humana que data de nuestros primeros días como cazadores y recolectores. Atrapar es más difícil para los más pequeños, que suelen estar guiados por un adulto.

El encanto de lanzar

El acto de lanzar es todo un descubrimiento para un niño que permanece sentado en una silla alta o trona a la hora de comer. La acción se inicia al dejar caer, más que al lanzar, y de hecho es un acto accidental; sin embargo, el niño se da cuenta de que los adultos muestran una reacción cuando la comida queda esparcida por la cocina. También se da cuenta de que los adultos son muy buenos al «recoger el desastre», y muestran interés en participar. Por tanto, en lugar de dejar caer algo, lo lanzan activamente con su cuerpo, lo que genera un desorden aún mayor y causa una reacción todavía más vigorosa. Resulta divertido y es la manera en la que el niño asciende el primer peldaño de la larga escalera que puede conducirle a emocionar a toda una multitud como lanzador de béisbol, jugador de bolos, campeón de dardos o lanzador de disco olímpico.

El primer paso tras la poco higiénica etapa del lanzamiento de comida es el lanzamiento de pelota; el niño de 2 años es capaz de aprender que algunas cosas pueden lanzarse y otras no. Una buena provisión de pelotas de espuma es ideal para este entrenamiento, ya que el niño aprende gradualmente cómo arquear el brazo hacia atrás, extenderlo hacia delante y abrir la mano en el momento justo para soltar la bola y lograr el máximo efecto. Un niño aprenderá primero a lanzar con precisión sin levantar el brazo por encima del hombro que a dominar los lanzamientos elevados. El lanzar hacia una diana, como un cubo grande, ayuda a mejorar la puntería. Una vez adquirida, el siguiente paso consiste en evitar lanzar objetos a las personas. Si un niño lanza una pelota y ésta le da a uno de sus amigos, una reacción desproporcionada de enfado por parte del padre o cuidador quedará registrada como un éxito para el pequeño. Para el cerebro infantil significa que, si pega a alguien con un objeto lanzado, el resultado merecerá la atención del adulto. Y así tiende a la repetición. El único modo de que la acción le resulte desagradable es finalizando el juego, aunque sea durante un período breve.

El reto de atrapar

Atrapar un objeto al vuelo es mucho más difícil de lograr para un niño pequeño. A diferencia del lanzamiento, esta acción no cuenta con un precedente primitivo y requiere de una coordinación mano-ojo más precisa. Es una acción que prácticamente siempre requiere de un entrenamiento paciente por parte de los padres, con innumerables fallos y algún acierto, para finalmente pasar a éxitos regulares y una sensación de triunfo por parte del pequeño receptor. Al principio, el niño únicamente es capaz de atrapar las pelotas que le lanzan directamente al tórax y falla en los costados. Poco a poco adquiere la habilidad y los juegos de pelota le resultan cada vez más gratificantes.

Conforme pasa el tiempo, el niño en edad preescolar aprende a mejorar sus habilidades receptoras y llega a ser capaz de atrapar pelotas pequeñas además de las grandes, así como de hacerlo con las manos en forma ahuecada en lugar de sujetarlas contra su cuerpo. Al final incluso podrá extender la mano y atrapar un balón con ella, como un adulto; entonces estará preparado para los juegos formales escolares y disfrutará de los desafíos que supone jugar con discos voladores o similares.

montar en bicicleta

Una de las grandes emociones para el niño pequeño es tener su primera bicicleta. El repentino incremento de movilidad que esto supone, y la alegría de manejar con destreza una maquinaria compleja, tiene un poderoso atractivo.

De cuatro a dos ruedas

Para muchos niños la primera experiencia sobre ruedas se obtiene con un correpasillos o coche de pedales. Los pequeños aprenden a impulsarse sobre los correpasillos y hacia los 3 años pueden utilizar los pedales con un triciclo, muy popular porque cuenta con sillín y manillar, y además da la sensación de montar en bicicleta sin tener que solventar el problema del equilibrio. Hacia los 4 años el niño suele ser un experto en el desplazamiento hacia delante, hacia atrás, ponerse en marcha o detenerse con facilidad. La siguiente etapa es la bicicleta con ruedas auxiliares. Estas dos pequeñas ruedas ayudan a evitar la pérdida del equilibrio. Ésta es la parte más difícil del proceso. No sólo la altura es mayor, sino que debe mantener el equilibrio, y saber frenar, lo que pone a prueba su concentración, coordinación y confianza. El niño está cada vez más cerca de ser un auténtico ciclista, pero nuevamente, sin el miedo a caerse. Entonces llega el momento de la verdad: el adulto responsable quita las ruedas auxiliares y el niño monta en una bicicleta como tal por primera vez. Es precisa una cierta determinación y valentía para enfrentarse a los inevitables vuelcos y bamboleos, pero, a base de persistencia, conseguirá la gran recompensa y la sensación de haber entrado en el mundo del transporte adulto.

La edad del ciclista

Se han producido numerosos debates en torno a la edad correcta para enseñar a un niño a montar en bicicleta. Algunas opiniones afirman que tan pronto el niño muestre un interés serio en el tema debe comenzarse el aprendizaje. El punto de vista opuesto afirma que un niño debería esperar al menos hasta los cinco años antes de iniciarse en esta actividad. ¿Cuáles son los datos?

Según un estudio llevado a cabo en una población de 3.000 niños, el 7 por ciento había conseguido montar en bicicleta sin ruedas auxiliares a los 3 años; el 14 por ciento lo hizo a los 4, y el 22 por ciento a los 5. Esto significa que casi la mitad de los niños aprendió a montar en bicicleta durante el período preescolar.

Así pues, esta curiosa habilidad humana, aparentemente tan sencilla y que en realidad supone una forma compleja y avanzada de equilibrio corporal, es posible desde una edad considerablemente tierna. Sin embargo, al igual que ocurre con cualquier otra habilidad, los padres no deberían nunca obligar a un niño a hacer algo antes de que se sienta física o mentalmente preparado.

Los más rezagados

Para algunos pequeños montar en bicicleta resulta especialmente difícil, y no menos del 7 por ciento consigue hacerlo a los 8 años, mientras que un 4 por ciento lo consigue con eficacia a los 9. Los datos indican que la dificultad principal radica en mantener el equilibrio y la propulsión al mismo tiempo. Hacer girar los pedales hacia delante con los pies es una acción que interfiere con el equilibrio corporal simple, y éste es el conflicto que para algunos niños es difícil solucionar. La manera de superarlo es asegurándose de que el sillín está lo suficientemente bajo como para que sea capaz de llegar al suelo con ambos pies al mismo tiempo. En un terreno con un desnivel suave, puede dejar que la bicicleta ruede hacia delante hasta que se sienta lo bastante equilibrado como para levantar los pies del suelo. Si comienza a bambolearse, puede apoyarse de nuevo en el suelo. Una vez que haya aprendido a mantener el equilibrio mientras se desplaza, podrá añadir la acción adicional del pedaleo.

el niño gimnasta

Casi cada niño en edad preescolar adora expresarse físicamente a través de actividades gimnásticas simples. Debido a su tierna edad, esta actividad siempre deberá ser supervisada por un adulto, ya que el niño más atrevido puede no ser consciente de los peligros que supone caer y lesionarse al realizar movimientos más exagerados y difíciles. La gimnasia de los preescolares debe ser sencilla y divertida, y no debe estar encaminada a lograr un resultado perfecto.

Trampolín/cama elástica

Saltar en un trampolín/cama elástica es una forma ideal de ejercicio para los niños de 2 a 5 años. La recompensa que se recibe al sentir el impulso del rebote proporciona placer físico inmediato. Se pueden introducir variantes de modo gradual, por ejemplo, caer «sentado» y «caer sobre manos y rodillas». Más adelante, a los 4 años, puede añadir también el «caer de espaldas». Este ejercicio consume una gran cantidad de energía y al mismo tiempo aporta al niño la posibilidad de «asustarse con seguridad» y experimentar de esta manera la «gestión del miedo», lo que le permite poner a prueba su potencial físico.

Dar volteretas y rodar

Dar volteretas, hacer la rueda, rodar hacia delante (a partir de los 2 años) o hacia atrás (suele intentarse más tarde que hacia el frente), hacer la «croqueta» y la «vertical» suponen un desafío físico para los niños en edad preescolar. Si se llevan a cabo sobre una superficie suave, donde las caídas no produzcan lesiones, y con la presencia de un adulto, estas actividades gimnásticas pueden ayudar en gran medida a enseñar al niño dónde están los límites y las habilidades musculares de su cuerpo.

En tiempos recientes se ha llegado a sugerir que las volteretas y otros tipos de ejercicios pueden ayudar a los más pequeños a desarrollar una musculatura más fuerte. Según un médico especializado, no existe evidencia alguna de que la gimnasia en edad preescolar contribuya al buen desarrollo muscular, pero no considera que las actividades tempranas sean contraproducentes, siempre y cuando los niños se diviertan realizándolas y no se sientan forzados a ir más allá de sus propios límites.

planificación motriz

Hacia los 4 años los niños desarrollan la capacidad de realizar tareas que le suponen una planificación motriz. Esto supone seguir una secuencia particular de movimientos que conducen a un objetivo final. Cada movimiento en sí mismo puede que no cause problema alguno, pero la dificultad comienza cuando las distintas acciones deben combinarse para obtener un resultado, como atar los cordones de un zapato.

Enhebrar cordones

Muchos tipos de zapatos tienen complicados cordones que deben ensartarse a través de los agujeros antes de hacer los nudos y lazos. Realizar estas acciones de manera correcta no resulta fácil para el niño preescolar y requiere de la paciente enseñanza de un adulto. Un niño responde más rápido si la tarea la realiza previamente un adulto, despacio y con cuidado, y si cada paso de la cadena se enseña por separado, poco a poco. Una tarea de este tipo requiere una buena coordinación mano-ojo, una concentración que debe durar hasta completar la tarea y la habilidad de trabajar con ambas manos a la vez.

Antes de intentar la difícil tarea de enhebrar un cordón o de atarlo, un niño debe ser capaz de realizar la acción de enhebrar. Los objetos como las cuentas grandes o los carretes de hilo con un gran agujero central pueden ensartarse para formar un collar sencillo. De esta manera, el niño se familiariza con la acción sencilla de enhebrar una cuerda a través de un agujero. Una vez conseguido, se puede progresar hacia la siguiente fase, que consiste en hacer los agujeros más pequeños y utilizar un cordón de zapato como cuerda.

Una vez completada esta etapa con éxito, es posible pasar al propio zapato. El reto aquí es la secuencia de agujeros a través de los cuales debe pasarse el cordón. Éste es el punto en el que los padres deben realizar las acciones muy lentamente y animar al niño a continuar la tarea que se ha comenzado. Al realizar un enhebrado cruzado, el niño debe aprender a pasar de la izquierda a la derecha, luego de la derecha a la izquierda, con cada uno de los extremos del cordón, mientras realiza la secuencia.

Atar los zapatos

Otra tarea difícil, que aún precisa de una mayor destreza manual, consiste en atar los cordones una vez que están enhebrados.

Hacer el lazo no resulta una tarea fácil y puede requerir mucha práctica. La tarea aún es más difícil por el hecho de que debe realizarse con el zapato puesto. La tarea anterior consistente en enhebrar los cordones puede realizarse colocando los zapatos en una posición cómoda sobre la mesa, donde el niño puede seguir la secuencia de acciones muy de cerca. Pero para atar el zapato debe agacharse o doblarse al tiempo que realiza la secuencia manual.

Vestirse

La evidencia sugiere que los niños tienen más dificultades que las niñas para abrochar botones y abrir y cerrar cremalleras. Esto puede deberse a que los niños suelen demostrar menos interés que las niñas en la ropa así como en elegir y manipular artículos de vestir. Probablemente sea debido a la influencia materna, ya que las madres suelen dedicar más tiempo a vestir a las niñas pequeñas. El resultado es que las niñas tienen más oportunidad de practicar con los botones.

2 años

Lo que ocurre dentro y fuera

Cerebro

El cerebro ha crecido ahora para alcanzar el 80 por ciento de su tamaño adulto. Durante este año, los lóbulos frontales (responsables del pensamiento racional, la planificación y el razonamiento, así como las emociones y la memoria) se desarrollan a una velocidad mucho mayor, lo que explica los cambios de humor que experimenta este grupo de edad.

Dientes

Aparece toda la dentición primaria (dientes de leche).

Peso medio

Niños: 15 kg   Niñas: 10,5 kg

Estatura media

Niños : 91 cm   Niñas: 81 cm

Perímetro craneal

Niños : 48,8 cm   Niñas: 47,8 cm

Necesidad de sueño

12-14 horas

81 cm   88 cm   94 cm   101 cm

uso de las tijeras

Una habilidad motora fina que los adultos dan por supuesta es el empleo de las tijeras para cortar. Esta capacidad no es innata en un niño pequeño, y debe aprenderse y perfeccionarse. Puede parecer una actividad trivial, pero en realidad abarca algunas importantes habilidades de aprendizaje.

Aprender a cortar

Cortar con tijeras puede aprenderse desde los 2 años, cuando un niño debería ser capaz de recortar los extremos de un trozo de papel. Un niño de 3 años debería ser capaz de cortar a lo largo de una línea dibujada en el papel. Un niño de 4 debería poder recortar un círculo dibujado en el papel. Con 5, un niño debería recortar un cuadrado, manteniendo las cuatro esquinas bien marcadas.

Durante el proceso de aprendizaje, es preferible cortar material grueso que fino. Un niño pequeño puede recortar antes la plastilina que el papel grueso. Después de conseguirlo con el papel grueso, puede probarlo con papel fino y finalmente con papel tisú, el más difícil de todos.

Existen tijeras especiales con extremos redondeados que son más estables y menos peligrosas, pero las tijeras siempre deben emplearse en presencia de un adulto por motivos de seguridad.

Las ventajas de poder recortar

Las ventajas de aprender a utilizar las tijeras son numerosas. El abrir y cerrar las cuchillas de las tijeras ayuda a reforzar los músculos palmares. Estos músculos también se necesitan en otras actividades diarias como sujetar una cuchara, un tenedor, un cepillo de dientes, un pincel, un lápiz o un bolígrafo.

Recortar también contribuye a la mejora de la coordinación mano-ojo. Este tipo de actividad requiere que el cerebro trabaje con dos sistemas al mismo tiempo, uno visual y otro manual. Nuevamente, esta actividad tiene muchas otras aplicaciones, como atrapar una pelota, abrocharse la ropa o servirse la comida.

En tercer lugar, recortar supone mejorar la coordinación bilateral. Al recortar un círculo, por ejemplo, una mano va girando el papel mientras la otra realiza el corte. Las manos trabajan al mismo tiempo, pero realizan actividades manuales diferentes. De nuevo, éste es un buen entrenamiento para muchas otras habilidades.

Tijeras para zurdos

A menudo el niño zurdo se encuentra en desventaja, porque las tijeras están diseñadas para personas diestras. No obstante, hoy en día es posible comprar tijeras para zurdos, que llevan la cuchilla izquierda en lugar de la derecha en la parte superior, lo que da al zurdo una visión más clara de la línea de corte. Además, el mango está configurado de modo que permite una sujeción más cómoda con la articulación del pulgar izquierdo.

natación

En un mundo ideal, la natación es una habilidad que se aprende en una fase temprana de la vida, incluso antes de la escolarización. Un bebé tiene la habilidad innata de nadar, la cual desaparece con rapidez y se sustituye por acciones aprendidas. Sin embargo, si un niño en edad preescolar tiene acceso frecuente al agua caliente, aprenderá a nadar con mucha más facilidad.

Los inicios de la natación

Los niños pequeños que crecen en regiones costeras de países tropicales se acercan al agua sin temor o ideas preconcebidas sobre la técnica de la natación. A los 3 años comienzan a chapotear en las zonas poco profundas y a los 4, tanto la musculatura como la condición física están lo suficientemente desarrolladas como para permitirles progresar con un mínimo de entrenamiento. Sencillamente juegan a estar en el agua y aprenden las variadas posibilidades de movimiento y progresión con sus extremidades. La natación es divertida y se considera un juego más. Son testigos de cómo sus compañeros de mayor edad nadan correctamente e intentan emularles. No reciben un entrenamiento formal, pero, cuando sean mayores, estos niños se habrán convertido en expertos por su propio esfuerzo.

Los problemas con la natación

La edad típica a la que uno de estos niños «costeros» es capaz de nadar una distancia considerable sin ayuda es a los 4,5 años. Para los niños que viven en el interior, en climas más fríos, la situación es muy distinta. Para ellos, la natación puede llegar a ser un auténtico calvario. Y es que hay varios factores que juegan en su contra. El agua en los mares y lagos del norte suele ser demasiado fría para el pequeño cuerpo de un niño, incluso en las piscinas climatizadas. Los ríos están demasiado sucios y son demasiado peligrosos, y a la mayoría de los padres no les queda otra opción más que llevar a sus hijos pequeños a las piscinas públicas, donde el cloro les picará en los ojos y las multitudes pueden llegar a ser un problema. También existen reglas de seguridad estrictas que convierten las lecciones de natación en un ejercicio militar más que en un juego de infancia divertido; además, el agua en la que los niños se deben familiarizar con una forma totalmente novedosa de locomoción suele estar abarrotada de otros cuerpos que entorpecen el camino. No resulta sorprendente saber que al menos el 35 por ciento de los niños británicos son incapaces de nadar a los 11 años.

Para ellos, uno de los grandes placeres de la infancia se ha convertido en una actividad desagradable.

La natación como un juego

La natación puede ser una actividad muy gratificante para los padres que tienen el tiempo y la energía para llevar a sus niños en edad preescolar a nadar en una piscina agradable, con cierta periodicidad, convirtiendo la actividad en un evento divertido antes que una estresante prueba de supervivencia. El placer que un niño pequeño experimenta al lanzarse al agua una vez que ha superado sus temores es indescriptible. Una vez que ha aprendido a flotar, salir a la superficie y respirar cuando nada, la libertad que el medio acuático proporciona a los movimientos musculares amplía sobremanera la gama de actividades físicas que un niño puede explorar, en especial los movimientos de las extremidades.

La seguridad puede reforzarse empleando manguitos inflables o salvavidas de goma hasta que el niño esté listo para nadar solo. También puede utilizar máscaras de submarinismo o gafas de natación, si el niño siente aprensión al meter la cabeza bajo el agua. Las carreras, el waterpolo y otros juegos competitivos contribuyen a distraer la atención sobre los peligros y la técnica de la natación y permiten al niño desarrollarla de forma natural.

curvas de aprendizaje

la capacidad de aprender

El cerebro humano experimenta un enorme desarrollo durante los primeros cinco años y establece conexiones que durarán toda la vida; estos cambios son importantes para entender las distintas maneras en las que se desarrolla el aprendizaje de un niño en la fase preescolar.

Tipos de aprendizaje

Los niños aprenden a través de la observación, la escucha, la experimentación práctica y la deducción. Estos procesos son cruciales para que el cerebro de un niño organice las conexiones a partir de las experiencias, y el período crítico para que estas conexiones se realicen es el que comprende los años preescolares. Existen cinco maneras principales de aprender en un niño:

Práctica repetitiva

Ensayo y error

Copiar a un individuo más experimentado

Reflexionar sobre un problema y resolverlo

Escuchar y seguir instrucciones

De estos cinco procedimientos, los monos dominan los cuatro primeros. Imagine un plátano colgado en lo alto de la jaula de un chimpancé. Al principio el mono saltará para atraparlo, pero fallará. El mono saltará una y otra vez, hasta que consiga mejorar su impulso vertical a través de la práctica repetitiva y conseguirá atrapar el plátano. Como alternativa, puede intentar distintos tipos de salto, desde una posición inicial de pie, previamente agachado, tomando impulso, y así sucesivamente hasta que encuentra un método que, por ensayo y error, le permite atrapar el plátano. En tercer lugar, podría observar cómo otro mono más viejo utiliza la red de alambre de la jaula contigua para saltar desde una posición más alta, y así copiar esa acción. En cuarto lugar, el mono podría sentarse en el suelo y rascarse la barbilla por frustración; al observar algunas cajas en la jaula, podría pensar en la posibilidad de que estuvieran apiladas unas sobre otras para escalar y atrapar el plátano. Sin embargo, si un cuidador del zoológico se acercara y le dijera al mono que solucionara el problema pidiendo un palo para golpear la fruta y hacerla caer, el animal no entendería las palabras ni podría plantear la pregunta.

A diferencia del mono, el niño en edad preescolar está capacitado para realizar los cinco tipos de aprendizaje. No obstante, no todos aparecen al mismo tiempo en el intervalo que transcurre entre los 2 y los 4 años. Sentarse a solucionar un problema antes de actuar ocurre mucho más tarde que la práctica, el ensayo y error y la imitación. El aprendizaje por instrucción depende del desarrollo de la comunicación verbal. Para un niño de 2 años, las instrucciones deben ser muy sencillas. Para uno de 5 pueden ser mucho más sofisticadas.

El entorno para el aprendizaje

Existen tres estilos de aprendizaje preferentes: el visual (tarjetas didácticas), el auditivo (cantar o contar cuentos) y el cinestético (actuación, actividad física). Esta diversidad de modelos de aprendizaje contribuye a estimular los distintos sentidos y fomenta la plasticidad cerebral.

El entorno ejerce un enorme impacto en la forma de aprender de un niño. Por supuesto, es necesario algún tipo de entrenamiento, con precaución y control cuidadosos, pero lo que puede aprenderse de una manera divertida y sin presión es lo único que ofrecerá placer al niño. Incluso el más sencillo problema matemático que se presente con frialdad no resultará atractivo al niño, pero ese mismo problema disfrazado de juego divertido se aprenderá con menos dificultad. Cualquier niño pequeño es, por naturaleza, un solucionador de problemas compulsivo: observarle cuando se esfuerza por alcanzar sus metas y finalmente lograr un pequeño triunfo es uno de los grandes privilegios de la paternidad.

teorías sobre el aprendizaje

Hasta el siglo XX no se empezó a prestar atención al desarrollo psicológico del niño en las primeras fases de su vida. A partir de entonces se plantearon varias teorías, cada una de las cuales ponía énfasis en un aspecto distinto del proceso. Tres de las más famosas fueron las de Jean Piaget, Erik Erikson y John Watson.

Teorías de Piaget

El psicólogo suizo Jean Piaget desarrolló una teoría de la inteligencia infantil que consideraba que en cada fase de la infancia predominaban unas maneras particulares de pensar y de actuar. La fase preescolar (2 a 6 años) es la etapa preoperacional: su hito central es la rápida adquisición del lenguaje. El lenguaje, por supuesto, implica pensamiento simbólico, en el que una cosa representa a otra. La palabra *árbol* no parece un árbol de verdad, pero, a pesar de ello, lo representa. En relación con este tipo de pensamiento está el desarrollo del juego simbólico, en el que se imagina que un cojín es un caballo para montar o que una caja de cartón es un coche de carreras. El juego de rol también se desarrolla durante esta fase, cuando un niño actúa como si fuese otro (él es el conductor del tren y usted, uno de sus pasajeros (*véase* Juego de rol, páginas 96-97).

Algunos patrones de conducta se activan durante la fase preescolar, pero otros no lo hacen. Piaget pone énfasis en el hecho de que todos los niños en edad preescolar son egocéntricos y prácticamente incapaces de apreciar el punto de vista de los demás. En una prueba muy famosa, mostró una fotografía de una montaña a un grupo de niños y les pidió que eligieran una fotografía de esa misma montaña entre las muchas que tenía de esa cumbre. Los niños debían elegir la fotografía de la montaña vista por otra persona, desde otro punto de vista. Sorprendentemente, siempre eligieron su propia visión de la montaña, lo que demuestra que, según su opinión, sólo es la suya la que importa.

Piaget recibió críticas por no haber basado sus conclusiones en un grupo lo suficientemente amplio de niños. Las investigaciones posteriores revelaron que a los 4 o 5 años los niños comienzan a pensar sobre los puntos de vista de los demás, y a menudo son menos egocéntricos de lo que sugería Piaget. Las principales etapas de desarrollo son correctas, pero no deben aplicarse con rigidez. Siempre habrá algunos niños que se desarrollen más tarde y otros que comiencen más pronto. La riqueza en experiencias del entorno en el que crecen ejerce una gran influencia, lo que reconoció en sus investigaciones Lev Vigotsky, quien ofreció una alternativa a la teoría de Piaget y sugirió que los niños se desarrollan gracias a la interacción social.

Teorías de Erikson

El psicoanalista alemán Erik Erikson rechazó las teorías de Sigmund Freud sobre la sexualidad infantil y las sustituyó por una teoría más útil sobre los estados de desarrollo psicosocial. Dividió el período que va de los 2 a los 5 años en dos etapas principales, la primera de las cuales denominó etapa psicosocial 2. En esta fase del desarrollo (2 a 3 años), el niño se esfuerza por aprender a controlar su cuerpo. Al moverse, sus extremidades no hacen realmente lo que él les pide, lo que le produce frustración. Tampoco controla sus esfínteres. Conforme el niño controla sus acciones y movimientos, se siente más independiente. Intenta dejar atrás la fase de dependencia total que suponía ser un bebé.

La etapa psicosocial 3 (3 a 5 años) se considera una fase de exploración en la que el niño reafirma los controles que ha logrado. A menudo intenta tomar la iniciativa tanto en actividades sociales como en el juego y, cuando tiene éxito, experimenta una gran sensación de logro personal. Al escolarizarse, el niño ya se ha convertido en un líder o en un seguidor.

Teorías de Watson

El psicólogo estadounidense John Watson consideraba que el énfasis se debía poner en la conducta observable y no en el estado mental interno (pensamientos y sentimientos) del niño. Consideraba a cada niño como un sujeto de experimentación sometido a castigos y recompensas, y afirmaba que podía adiestrar a cualquier niño para que se convirtiera en un especialista en algo concreto, prescindiendo de su talento, inclinaciones o tendencias. Incluso llegó a experimentar con niños, condicionando en uno

de ellos la reacción de miedo hacia las ratas blancas (demostró asimismo que este niño había desarrollado el miedo hacia cualquier otro tipo de objeto blanco y peludo).

En el esquema conductual watsoniano, cualquier niño debía ser tratado como un adulto pequeño, subordinado a voluntad y modelado a conveniencia. Si un niño lloraba demasiado, Watson recomendaba que le dejaran llorar para que descubriera que no ejercía influencia alguna sobre sus padres u otra persona. Las enseñanzas de Watson, a las que se dio gran credibilidad en las décadas de 1920 y 1930, tuvieron un efecto devastador. Hoy en día no son dignas de consideración, aunque de vez en cuando alguien aparece en escena intentando reinstaurar estos puntos de vista extremos.

Teorías recientes

En los últimos años se han publicado muchas teorías enfocadas principalmente a la influencia de los factores ambientales en el desarrollo. Estas teorías ecológicas toman en consideración las circunstancias en las que viven los niños, su estabilidad económica, su estructura familiar, el tamaño de la familia y así sucesivamente. Los avances científicos también han contribuido a investigar sobre la importancia de las etapas de desarrollo determinadas genéticamente. Estas teorías biológicas tienen en cuenta la edad a la que los niños están listos para progresar hacia la siguiente etapa, por ejemplo, sentarse sin ayuda o ponerse en pie.

También se ha sugerido que los niños se desarrollan al procesar la información de su entorno, y así la almacenan y recuperan cuando es necesario (*véase* Procesar la información, páginas 72-73). Conforme el niño se hace mayor, estos procesos se vuelven más complejos e integrados y conforman su memoria a largo plazo.

Resulta claro que las maneras a través de las que aprenden los niños son complejas, pero, si los padres y los maestros proporcionan un entorno estimulante y reconocen las etapas naturales del desarrollo, podrán fomentar el desarrollo cerebral.

procesar la información

Los años previos a la escolarización pueden estar llenos de juegos desenfadados, pero el cerebro infantil no permanece inactivo. Recibe tanta información, tantas experiencias nuevas, hora tras hora, que las neuronas se mantienen ocupadas y trabajan a destajo para procesar, clasificar y almacenar todos los datos.

Etapas del procesamiento

Algunas teorías comparan la manera en la que los niños procesan la información con el funcionamiento de un ordenador. Existen cuatro etapas en el procesamiento de la información nueva: entrada, integración, almacenamiento y salida. La entrada comprende la manera en la que las experiencias más recientes alcanzan el cerebro a través de los órganos de los sentidos: vista, oído, olfato, gusto y tacto. La gran mayoría de las nuevas entradas lo hacen a través de la vista y, en segundo lugar, del oído. La integración clasifica esta información nueva y la relaciona con la información previa almacenada en el cerebro. Las experiencias nuevas deben interpretarse antes de ser clasificadas. Una vez colocada en una categoría particular y dispuesta en una secuencia particular, está lista para ser almacenada en un banco de memoria. Puede quedar instalada como memoria a corto plazo, disponible para el uso inmediato, o más profundamente en la memoria a largo plazo, y de allí, disponible para el futuro. La salida es el empleo de los recuerdos almacenados y su uso a través de alguna forma de acción. Las acciones aparecen en forma de gestos, manipulaciones, locomoción y otros movimientos musculares, emisiones de sonidos no verbales, gritos o llanto, el lenguaje verbal, las palabras escritas o las imágenes dibujadas.

Entrada de información nueva

El cerebro no es capaz de procesar todas las experiencias que los órganos sensoriales le envían. Cuando un niño entra en una habitación es incapaz de responder a todo lo que ve en ella. Si lo hiciera, su comportamiento sería caótico. Debe aprender a ser selectivo y a concentrarse en una cosa a la vez. Algunos niños son mejores en ello que otros. Con la información sonora, por ejemplo, aquellos que tienen problemas en la selección pueden tener problemas para filtrar el ruido irrelevante, ignorar el ruido del alboroto grupal y concentrarse en la voz del profesor. Otros niños pueden tener problemas auditivos o de visión sin saberlo. A esta temprana edad, a un niño le cuesta expresar el hecho de no poder escuchar claramente ni tener buena visión, además de que carece de un punto de comparación para sus habilidades sensoriales. Hoy en día se realizan pruebas a la mayoría de los niños para detectar estos problemas.

Clasificar la nueva información

Una vez que el cerebro del niño ha recibido la información de los órganos sensoriales, debe decidir con qué quedarse y qué descartar. Cuando la información recibida es demasiado complicada, el niño puede experimentar dificultades para discernir los elementos esenciales que quiere retener, lo que puede suponer un problema. Un buen profesor o un progenitor sensible presenta las experiencias nuevas de tal manera que comienzan siendo simples y gradualmente adquieren complejidad. El cerebro puede entonces comprender poco a poco y aceptar cada nuevo elemento con facilidad porque todos los anteriores ya han sido asimilados.

Almacenar la nueva información

Una vez que la nueva información recibida ha sido clasificada y se han eliminado los detalles irrelevantes, debe almacenarse en el cerebro para futuras referencias. Existen tres etapas importantes en este proceso. En primer lugar, la nueva información debe almacenarse momentáneamente en el registro sensorial. Después, pasa al espacio de trabajo del cerebro, donde queda retenida como memoria a corto plazo. Allí puede reconsiderarse y decidir su importancia. Si se considera una información nueva de importancia, puede transferirse a la memoria a largo plazo. Se trata de la enciclopedia mental a la que nos dirigimos cuando debemos recuperar un hecho, una imagen o una idea

pruebas de inteligencia

La inteligencia es una cualidad que no debe confundirse con el conocimiento, la creatividad o la motivación. El conocimiento es la cantidad de información que ya tenemos en la mente. La creatividad comprende imaginación e inventiva (*véase* El niño creativo, páginas 106-107). Y la motivación es la energía mental que uno posee. La definición correcta de inteligencia sería la capacidad de utilizar la información existente para resolver problemas nuevos.

La validez de las pruebas de inteligencia

Las pruebas de inteligencia han recibido numerosas críticas por ser relativamente inútiles, ya que tienden a ignorar la creatividad y la motivación. Las críticas también sugieren que uno se puede convertir en un experto en resolución de este tipo de pruebas. Un niño que debe resolverlas con frecuencia se acostumbra con rapidez al tipo de preguntas. En consecuencia, el padre que presenta de manera repetida estas pruebas a su hijo en casa le ofrece una ventaja injusta sobre los demás.

Las circunstancias bajo las cuales se llevan a cabo estas pruebas también han sido objeto de crítica. Si las pruebas se realizan en casa, donde los niños están relajados y no sometidos a presión, pueden obtener mejores resultados que cuando se examinan en condiciones más formales o en un entorno no familiar. Además, los niños menos sensibles a los lugares extraños pueden obtener mejores resultados que los tímidos. Así que las pruebas formales son, nuevamente, consideradas injustas. Lo que realmente miden, según se dice, es el tipo de personalidad: una falta de timidez, más que inteligencia real.

Hace tiempo se consideraba que la inteligencia venía determinada por nacimiento; sin embargo, las teorías contemporáneas sostienen que la inteligencia puede cambiar con el tiempo, y que el entorno tiene más influencia que la naturaleza en el debate herencia *versus* entorno. La teoría prevaleciente hoy en día sostiene que el 40 por ciento de nuestra inteligencia se debe a la influencia genética, y el 60 por ciento al entorno.

Test de Wechsler

Las pruebas de inteligencia aún tienen su significado y pueden revelar información útil sobre la inteligencia relativa de un niño. Una de las pruebas más conocidas para los niños en edad preescolar es la escala Wechsler de inteligencia para niños.

Esta escala se compone de tres pruebas verbales: información general, definición de palabras y adivinar el significado de una palabra a partir de una, dos o tres claves. A continuación contiene tres pruebas manipulativas: copiar pequeños dibujos geométricos, completar dibujos a los que les faltan partes y elegir los dibujos con características comunes de entre varias filas de dibujos. Finalmente, presenta dos pruebas de velocidad: copiar símbolos emparejados con dibujos geométricos simples y buscar símbolos diana de entre los de una fila.

La utilidad de este tipo de pruebas de inteligencia radica no en identificar el CI (cociente intelectual) más elevado, sino en detectar a cualquier niño que presente dificultades poco habituales y pueda sufrir problemas de aprendizaje que requieran la intervención de un especialista. Sin este tipo de pruebas, un niño con dificultades podría no ser identificado a tiempo para permitir a los adultos atajar este dilema particular en una etapa temprana.

Pruebas de creatividad

Las pruebas de inteligencia se han aplicado durante un tiempo suficiente como para llegar a la conclusión de que los que ostentan el CI más alto no necesariamente son los miembros con mayor éxito. Pueden ser capaces de resolver problemas y juegos de palabras complejos, e incluso pueden tener una gran cantidad de conocimientos generales, pero queda claro que les falta algo. Puede que no tengan la motivación necesaria para utilizar su inteligencia o que carezcan de la imaginación necesaria para utilizarla de manera productiva.

Esto nos lleva nuevamente a cuestionarnos el papel de la creatividad. En los últimos años se ha incrementado el interés por ella, por lo que, además de las de inteligencia, se han desarrollado pruebas de creatividad. Éstas analizan cuestiones distintas, encaminadas a cuantificar la originalidad.

Entre los ejemplos de pruebas de creatividad figuran:
encontrar el mayor número de palabras posible con una
letra del alfabeto determinada; nombrar tantos objetos de una
cierta familia como sea posible (tipos de juguetes, nombres de
mujer, animales de granja); número de posibles usos que pueden
darse a un objeto en particular (cubo, ladrillo o pelota); convertir
una forma particular sobre una hoja de papel en otra cosa.
Este tipo de pruebas evalúa lo que se denomina
pensamiento divergente: hallar tantas respuestas
como sea posible a una única cuestión,
mientras que con las pruebas de inteligencia
únicamente existe una respuesta correcta.

superdotados y con talento

De vez en cuando, un niño muestra in incremento inusualmente rápido en su habilidad intelectual. Física, social y emocionalmente aún es muy joven, pero su intelecto se adelanta y pronto alcanza un nivel similar al de los niños de una edad mayor. En principio parece una bendición, tanto para el niño como para los padres, pero, al no estar al mismo nivel que los otros niños de su edad, puede sufrir problemas difíciles de resolver.

El dilema del niño superdotado

El niño superdotado es siempre el primero de la clase. Se considera que, en una clase estándar, existe como media un niño que podría ser clasificado como superdotado. Aunque físicamente es igual al resto de su grupo, y tan inmaduro como ellos en cuanto al desarrollo emocional y sus habilidades sociales, descubre que es sorprendentemente más inteligente. Es posible que sus padres y sus profesores lo elogien por mostrarse tan adelantado, pero esta situación le resulta difícil de entender, ya que se ve a sí mismo como una persona normal y no como anormalmente bueno, mientras que sus amigos parecen ser más retrasados.

¿Qué pasa con este niño superdotado? Si se le coloca en un grupo especial, junto con otros niños iguales a él, todos ellos formarán un grupo de elite (una rareza). Si se queda en su clase, pueden ocurrir dos cosas. Si se trata de un niño extrovertido, se volverá precoz a todas luces y quizá incluso arrogante. No será culpa suya, pero, si continúa escuchando lo listo que es, es muy probable que llegue a afectar su actitud hacia los demás. En la etapa preescolar existe el serio riesgo de convertirse en un engreído fanfarrón, lo que eventualmente le conducirá a quedar aislado y sin amigos.

Si, en cambio, se trata de un niño tranquilo y reservado, se esforzará por no ser distinto a sus amigos y hará cualquier cosa por esconder su inteligencia superior. Esto producirá otro tipo de problema porque se sentirá cada vez más aburrido, ya que los retos que se le presentan son demasiado fáciles para él. Para este niño, adaptarse a la norma puede convertirse en una gran frustración.

Ayudar al niño superdotado

El secreto para ayudar al niño superdotado a solucionar su dilema es reconocer sus ansias de conocimiento y continuar alentándolas sin dejar que se convierta en un ser engreído, aburrido o frustrado.

No resulta fácil, pero puede lograrse con un poco de sensibilidad. La ventaja es que, al ser extraordinariamente inteligente, su padre podrá explicarle, incluso a una edad muy temprana, que sus amigos menos avanzados pueden tenerle envidia e incluso ser hostiles si se llegan a sentir inferiores. Si el niño superdotado es capaz de entender este hecho, los padres tendrán la posibilidad de establecer, casi como si se tratara de un juego secreto, una salida para la expresión de la brillantez del niño. En la intimidad del hogar se pueden atender las necesidades especiales del pequeño en cuanto a estímulos mentales en uno u otro ámbito. Incluso puede ser capaz de satisfacer sus necesidades intelectuales con el ajedrez, por ejemplo, con lecturas avanzadas o con la resolución de problemas matemáticos, entre otros. Así, cuando esté con sus amigos, podrá conscientemente quitar importancia a sus habilidades sin sentirse demasiado frustrado.

El niño con talento

El niño con talento es distinto al superdotado. En lugar de la inteligencia superior, tiene una habilidad creativa en particular, como tocar un instrumento musical, cantar o actuar y bailar. Un niño con un talento de este tipo no suele ser más inteligente que sus amigos, le resulta fácil compartir con ellos las situaciones cotidianas y mostrar su talento poco habitual únicamente en ocasiones especiales, o en la intimidad de su hogar.

procesos del pensamiento

Un antiguo refrán reza: «A veces me siento y pienso, y a veces sólo me siento». Pensar con detenimiento no es el método elegido por los niños en edad preescolar para solucionar un problema. Con diferencia, prefieren un enfoque físicamente activo a uno filosófico. Si se le observa en un aparente estado de pensamiento, lo más probable es que durante un instante haya «desconectado» su cerebro o quizá esté soñando despierto, pero sólo estará sentado, no sentado y pensando.

Limitaciones

Los procesos de pensamiento de los muy pequeños son a menudo descabellados y carentes de toda lógica. Los juguetes pueden convertirse en auténticos amigos, y el hecho de que estén hechos de tela o madera no interfiere con este modo de pensamiento. Las pruebas de lógica sencillas también pueden ofrecer resultados sorprendentes que revelan la gran diferencia que existe entre la manera de pensar de un niño en edad preescolar y un adulto. El niño se concentra a menudo en un único aspecto de la situación e ignora los otros. Un ejemplo famoso es la prueba del nivel de agua. Si a un niño de 4 años se le muestran dos recipientes de cristal, uno largo y estrecho y el otro ancho y bajo, con la misma cantidad de agua, apreciará que el nivel del agua es mucho más alto en el recipiente alto y estrecho que en el bajo y ancho. Si se le pregunta cuál contiene más agua sin duda indicará el recipiente alto.

En otra versión de la misma prueba, si al niño de 4 años se le dan los dos recipientes vacíos y se le pide que los llene hasta que ambos contengan la misma cantidad de agua, los llenará hasta que el nivel en el recipiente alto sea el mismo que en el ancho. Si un hermano mayor, de 7 años, le observara realizando esta tarea, pensará que lo que ha hecho es una tontería. Entre los 4 y los 7 años el cerebro de un niño comienza a resolver problemas de este tipo de una forma más compleja, ya que tiene en cuenta varias cualidades del agua y del recipiente, en este caso su altura. Reaccionar a más aspectos de un problema cada vez es una de las maneras en las que progresa el pensamiento humano con el paso de los años.

Pensamiento mágico

Como adultos, somos capaces de disfrutar de una obra de teatro fantástica mientras que, al mismo tiempo, sabemos que no es real. No siempre ocurre así antes de los 6 años. Ante un cuento de hadas o cualquier otro tipo de fábula o leyenda popular, el niño en edad preescolar creerá todas y cada una de las palabras: Papá Noel realmente baja por la chimenea de todas las casas con regalos para el día de Navidad. Un niño confía en que los adultos le dicen la verdad y acepta las ideas mágicas con la misma facilidad con la que acepta los hechos mundanos. En todo el mundo, los niños pequeños se sienten embelesados por los relatos de hechos maravillosos, de niños que pueden volar, animales que hablan y dragones que escupen fuego. En su pensamiento, todas estas historias son verdad, sin importar lo extrañas que puedan parecer. Esto proporciona al niño horas de placer inocente que únicamente terminarán cuando, a una edad ligeramente superior, comience a aplicar la fría lógica y el razonamiento a estos hechos, y separe el hecho de la ficción. Para algunos individuos, por supuesto, este progreso hacia el pensamiento lógico nunca se materializa y, aunque dejen de creer en las hadas del jardín, mantienen el proceso de pensamiento infantil en relación a otros mitos.

Todo tiene un propósito

La manera en la que el niño pequeño piensa sobre el propósito de las cosas difiere profundamente de la de un adulto. Los adultos realizan una clara distinción entre las cosas que se han diseñado con una función específica en mente y aquellas que no. Los niños no suelen hacer esta distinción. Por ejemplo, un niño, como un adulto, piensa que un reloj ha sido diseñado para indicarnos la hora, pero un niño también creerá que una nube ha sido diseñada para darnos lluvia. Conforme el niño crece, llega a distinguir entre las cosas creadas por la mano del hombre con un propósito específico y los fenómenos naturales. Al igual que ocurre con la distinción entre el pensamiento mágico y el lógico, la distinción llega sólo cuando el niño ha sido formalmente escolarizado.

estados de conciencia

El lenguaje corporal de un niño nos ofrece claves vitales acerca de uno de los cinco estados mentales de conciencia: vigilia alerta, descanso, ensoñación, trance y sueño. Cuanto más pequeño es el niño más difícil le resulta concentrarse, y, si se distrae durante más de unos pocos minutos, puede olvidar lo que estaba pensando un momento antes.

Vigilia alerta

En este estado, un niño recibe, de forma activa, mensajes del mundo exterior a través de algunos o de todos sus sentidos (oído, vista, tacto, olfato y gusto). Su cuerpo está activo constantemente y responde a las sensaciones y los procesos de información. Su postura varía de acuerdo al grado de interés o relajación que sienta, y su respiración y ritmo cardíaco están íntimamente vinculados a lo que hace. Si se concentra con intensidad, es muy probable que deje a un lado sus sentimientos durante ese tiempo.

Descanso

En algunas ocasiones un niño está tranquilo y simplemente no tiene ganas de hablar. Esta situación es normal y no debe convertirse en tema de confrontación. Puede estar cansado después de un día largo, o simplemente puede necesitar un tiempo de descanso para procesar la información y ordenar sus pensamientos. Este estado de conciencia reflexiva ocurre regularmente a lo largo del día. Los bebés lo realizan constantemente y durante largos períodos de tiempo. En niños más mayores, estos períodos son más cortos y espaciados.

El signo más evidente de que un niño entra en una fase de descanso es que detiene cualquier actividad que realiza, inclina la cabeza y aparta la vista, en ocasiones sólo de manera momentánea. Sus movimientos oculares involuntarios indican que analiza algo. Incluso desde el nacimiento mirará en una dirección, la derecha o la izquierda, la mayor parte del tiempo. Una inspiración repentina puede ser una señal de realización, mientras que la espiración suele ser signo de comprensión.

Ensoñación

Cuando se requiere de un nivel más profundo de pensamiento, el cuerpo ralentiza algunas de sus funciones y un niño ignora las distracciones externas. Pero, aunque pueda parecer ajeno a cuanto ocurre a su alrededor, será plenamente consciente y capaz de reaccionar a los estímulos externos si es necesario. Un niño en estado de ensoñación puede perder la mirada en la distancia. Mientras lo hace, puede repiquetear con los pies, mostrar sutiles movimientos de lengua o garganta mientras ensaya una conversación y sus ojos pueden parpadear al imaginar cosas.

Trance

A un nivel aún más profundo, puede entrar en un estado semejante al trance. A menudo resulta obvio cuando un niño mira la televisión e intenta entender lo que sucede en la pantalla. La mirada queda desenfocada, los ojos incluso pueden llegar a cerrarse y la expresión facial puede desaparecer. En este estado permanece en silencio o habla de manera lenta y dubitativa. Su pulso, el parpadeo y el ritmo respiratorio se reducen. El estado de trance también puede darse cuando un niño está enfermo, en cuyo caso puede tener un aspecto pálido, o bien sonrojado y sudoroso.

Sueño

El estado final de procesamiento profundo del pensamiento ocurre cuando un niño se encuentra en fase de sueño. Después del primer período de sueño profundo, el niño entra en la primera etapa de sueño REM, acompañado de movimientos oculares rápidos. Todos los procesos corporales se ralentizan y el cuerpo está relajado, aunque puede presentar cierto movimiento corporal y hablar ocasionalmente en sueños.

percepción

La percepción es la manera en la que el cerebro interpreta la información que le llega a través de los sentidos (vista, oído, olfato, gusto y tacto). La percepción se encuentra todavía en fase de desarrollo en la fase preescolar y en algunos niños el proceso es mucho más lento que en otros. Los niños difieren de los adultos en la manera en la que perciben el mundo que les rodea, y los padres suelen pasar por alto estas diferencias con suma frecuencia.

Desarrollar la percepción

La percepción puede definirse como lo que una persona entiende a través de sus sentidos. La información que los sentidos perciben se procesa en el cerebro, donde se compara con la información almacenada. El cerebro suele reaccionar automáticamente o formular una respuesta más considerada. El recién nacido ya cuenta con unas reacciones básicas, pero conforme se desarrolla el niño se perfeccionan respuestas superiores. Se han establecido hitos del desarrollo para facilitar la evaluación de la etapa a la que ha llegado el niño en lo que concierne al perfeccionamiento de sus sentidos y a la interpretación de la información que recibe.

Percepción visual

El perfeccionamiento de la percepción visual forma parte importante del desarrollo mental entre los 2 y los 5 años. Se han identificado cinco habilidades:

Reconocimiento de formas: por ejemplo, ser capaz de reconocer que una forma que se ha girado hacia un lado aún sigue siendo la misma forma.

Cierre visual: por ejemplo, ser capaz de adivinar un objeto cuando sólo es visible una parte del mismo.

Memoria secuencial: por ejemplo, ser capaz de reconocer una secuencia de unidades, como un número de teléfono.

Memoria espacial: por ejemplo, ser capaz de recordar la situación de un objeto escondido.

Búsqueda de imagen: por ejemplo, ser capaz de ignorar detalles irrelevantes al buscar visualmente un tipo de objeto en particular.

Un niño con dificultades de aprendizaje puede tener problemas con una o más de estas habilidades, pero el típico niño en edad preescolar desarrolla todas estas habilidades hasta el punto en el que se vuelven tan automáticas que no piensa en ellas de manera consciente.

La interpretación precisa de los pequeños detalles en el campo visual es un factor importante en el desarrollo de la lectura y la escritura. Un pequeño porcentaje de niños muestran dificultades en este aspecto (dislexia). Aunque son inteligentes en otros aspectos, estos niños suelen tener dificultades de lectoescritura.

Señales acústicas

Los adultos rara vez tienen en cuenta el hecho de que el oído de un niño pequeño es más sensible que el suyo, tanto en frecuencia como en volumen. La frecuencia se mide en hercios (Hz), un término estandarizado que mide ciclos por segundo; pues bien, los niños en edad preescolar pueden detectar sonidos de hasta 20.000 hercios o más. A partir de los 8 años, este rango comienza a reducirse y se pierden las frecuencias más elevadas, de manera que la de un adulto acaba siendo considerablemente más baja, entre los 15.000 o 16.000 hercios. Este declive en la capacidad auditiva es normal y se produce en todos los seres humanos.

El volumen ideal para un niño pequeño se encuentra alrededor de los 20 decibelios, con un máximo de 35 decibelios para un niño con capacidad auditiva normal. Las pruebas han demostrado que el nivel de decibelios en un grupo de juego ruidoso, en una sala grande con eco, puede alcanzar de 55 a 75 decibelios: demasiado alto para ser considerado agradable para los oídos de un niño pequeño. Este hecho puede constituir una parte del problema de integración de un niño tímido cuando se enfrenta por primera vez a un grupo de juego. Lo que parece ser un emocionante barullo para aquellos que ya están acostumbrados, puede parecer una locura para su tierno sistema auditivo.

Los estudios realizados en niños que viven en un entorno ruidoso (cerca de un aeropuerto, por ejemplo) demuestran que el mecanismo de defensa frente al elevado nivel de ruido consiste en ignorar los estímulos auditivos. Desafortunadamente esto también significa que no prestan atención a las conversaciones entre seres humanos. En consecuencia, se ven afectadas las habilidades de lectura, así como todas aquellas que implican percepción lingüística.

Percepción de los olores

Al igual que ocurre con los demás sentidos, los adultos se equivocan con respecto a la manera en la que se imaginan que el niño percibe los olores, ya que dan por hecho que si el olor les agrada o desagrada, será igual para el pequeño. Pero esto no es así. Quizá resulte sorprendente, pero unos experimentos demostraron que a los niños de 2, 3 y 4 años no les resultaba desagradable el olor de las heces o del sudor. Esta sensación cambia drásticamente a los 5 años, cuando estos olores se consideran intensamente desagradables, una respuesta que perdura hasta la ancianidad, cuando los sistemas sensoriales vuelven a apagarse otra vez.

También existen otras diferencias. Los experimentos muestran que los niños pequeños no aprecian los olores de las flores o de la gasolina igual que los adultos. Por el contrario, los niños detectan los olores frutales o los de las nueces mucho mejor que los adultos.

Percepción del gusto

Los niños tienen más papilas gustativas que los adultos y son más sensibles a los sabores de los distintos tipos de alimentos. Una de las principales diferencias es la mayor preferencia por los sabores dulces y el intenso desagrado por otros sabores. En este aspecto, el niño en edad preescolar se encuentra en la zona media entre un adulto y un bebé. A un bebé le gustan únicamente los sabores dulces y a un adulto le agradan una amplia gama de sabores. El niño pequeño continúa prefiriendo lo dulce, pero está preparado para comenzar a probar otros sabores.

la naturaleza del lenguaje

La habilidad de comunicarse con los demás supone para el ser humano la mayor ventaja evolutiva. Los chimpancés pueden construir herramientas, implicarse en estrategias sociales e incluso participar en expediciones de caza en grupo, pero no pueden hablar. El lenguaje hablado simbólico es nuestro máximo atractivo y nos ha convertido en lo que somos en la actualidad. En el pasado, se suponía que las habilidades lingüísticas del niño pequeño eran debidas únicamente al resultado de las enseñanzas de los adultos, que cualquier paso hacia la comunicación verbal eficiente se debía exclusivamente a los esfuerzos de sus padres u otros adultos. En los últimos años este punto de vista se ha modificado ligeramente.

La necesidad innata de hablar

Si la adquisición del lenguaje por parte de un niño pequeño se debe por completo a las enseñanzas de los adultos, cabría esperar grandes diferencias en distintas culturas. Y efectivamente, existen muchos idiomas diferentes en distintos países, pero la característica más destacable de las lenguas es que todas tienen una estructura básica y una gramática similares. Pueden tener distintos sustantivos, verbos y adjetivos, pero todos los idiomas los disponen en una manera similar para construir frases. Es más, esta gramática básica se adquiere a la misma edad y a la misma velocidad en todas las culturas. Entre los 2 y los 5 años, el número de palabras aprendidas aumenta a la misma velocidad: un vietnamita de 4 años tendrá un vocabulario igual de amplio que un noruego de 4. Y en todas las culturas se observará una carrera casi mágica hacia el lenguaje articulado que evoluciona a una velocidad asombrosa durante los años preescolares.

La conclusión es única: la especie humana cuenta con un «sistema de adquisición del lenguaje» innato.

Esta fue la controvertida opinión expuesta por el lingüista americano Noam Chomsky a mediados del siglo XX, cuando propuso una «gramática universal» para dar una explicación al inexplicable y veloz ritmo al que los niños aprenden idiomas. Expresado en términos sencillos, su idea era que, aunque las palabras individuales deben aprenderse de los padres u otros adultos, la manera en que se utilizan y combinan para formar frases es el resultado de un mecanismo innato, genéticamente heredado en el cerebro del niño humano. Sin este sistema, argumentaba, sería imposible que los niños de todo el mundo construyeran una gramática para utilizar las palabras aprendidas a la misma edad y a la misma y rápida velocidad. Es más, en las primeras etapas, cuando se esfuerzan por desarrollar y perfeccionar esta habilidad comunicativa única, los niños muy pequeños parecen cometer el mismo tipo de errores, independientemente del idioma que hablen. Curiosamente, no cometen los errores que cabría esperar.

Para encontrar una analogía, si el cerebro del niño contiene un «árbol» lingüístico innato, con raíces y ramas desdobladas, las palabras que aprende son como hojas que penetran en su cerebro y se sujetan a este árbol, convirtiéndolo en un todo funcional. Las hojas francesas serán distintas a las alemanas o a las italianas, pero la estructura básica del árbol será la misma en todos los casos. En las teorías del lenguaje previas, se había sugerido que todas las partes del árbol penetraban desde el exterior gracias a las enseñanzas de los adultos, pero las posibilidades de que esto ocurriera en el mundo entero son bastante remotas.

Así que el diminuto niño humano, al pronunciar sus primeros «mamá» y «papá», es, en realidad, una magnífica máquina de adquisición de lenguaje en los albores de un asombroso viaje autopropulsado y de una significancia extraordinaria. De hecho, si buscásemos un nuevo título para nuestra especie, quizá el más adecuado sería el de «mono parlante».

desarrollo del lenguaje

Existe una gran variabilidad en la velocidad a la cual los niños desarrollan sus habilidades lingüísticas, pero existen unas guías generales sobre el progreso que realiza un niño típico entre los 2 y los 5 años. Si un niño en particular es más lento que la media, igualará a los demás un poco más adelante. Los niños aprenderán más deprisa si los padres hablan con ellos empleando sus voces normales de adulto y evitando la tentación de utilizar los «balbuceos».

Primeros días

El niño típico de 2 años cuenta con un vocabulario de entre 150 y 300 palabras, y los que empiezan más tarde, alrededor de 50 en esta etapa. Uno de los placeres del niño a esta edad es verse capaz de nombrar los objetos comunes en las habitaciones de su hogar. Es posible construir frases de tres palabras que suelen contener un sustantivo y un verbo. Se añaden pronombres, y el niño habla sobre sí mismo, o sobre algo relacionado con él, con palabras como *me*, *mi*, *mío* y *yo*. El uso correcto de *yo* y *me* no siempre queda claro, y estas dos palabras aún se usarán indiscriminadamente durante un tiempo.

El niño de 2 años también comienza a utilizar las descripciones sobre la posición de los objetos con palabras como *debajo*, *encima* o *dentro*. Es posible que no utilice palabras que ya entiende. Si se pide a un niño de 2 años que toque una parte de su cuerpo (cabello, oreja, boca), puede hacerlo incluso si no ha comenzado a pronunciar estas palabras.

Adquirir vocabulario

El típico niño de 3 años cuenta con un vocabulario de entre 500 y 1.000 palabras. Sabe su nombre, su edad y su género. Puede entender muchas preguntas, pero puede no ser capaz de contestar a todas ellas verbalmente. Sus espacios lingüísticos son cada vez más largos y las frases de tres palabras son más habituales. La confusión entre *yo* y *me* ha quedado resuelta y entenderá y utilizará los plurales y el pretérito. El habla, más que suponer un esfuerzo, comienza a convertirse en una alegría.

Comentario continuo

El niño estándar de 4 años disfruta hablando mientras juega. Disfruta tanto del uso del lenguaje que es posible que comente continuamente lo que ocurre con sus juguetes mientras los mueve y juega con ellos. Puede utilizar palabras para intensificar su juego simulado. Y puede repetir las mismas palabras y frases una y otra vez, como si las practicara y escuchara su sonido. Tiene una mayor comprensión de los conceptos verbales y los contrarios (largo y corto, grande y pequeño, encima y debajo). También mejora al identificar clases de objetos. Puede nombrar muchos animales, colores, alimentos, y, cuando lee libros con fotografías, es capaz de dar nombre a muchas de las ilustraciones. Es capaz de repetir palabras largas de hasta cuatro sílabas con cierta concentración. Y puede memorizar y repetir un número de cuatro dígitos.

Conversación cotidiana

A los 5 años, el niño ha alcanzado la etapa en la que el lenguaje se vuelve gramatical, con frases mucho más largas y adjetivos para acompañar a los sustantivos y los verbos. Mejora la expresión de la idea de tiempo con palabras como *hoy*, *mañana*, *ayer*, *ahora*, *más tarde*, *antes*, *mañana*, *tarde* y *noche*, en su conversación cotidiana. También maneja mejor los números, y disfruta contando en serio. Resulta una etapa deliciosa para las conversaciones entre niños y padres, así como una época mágica para compartir momentos de comunicación verbal, con una frescura e inocencia nunca igualadas en etapas posteriores del desarrollo.

hablar y escuchar

Aprender y entender palabras no es lo mismo que ser capaz de pronunciarlas en voz alta de manera que los demás puedan entenderlas. La dicción se ve influenciada por la manera en la que el niño escucha hablar a los adultos, y comienza a aparecer el acento o dialecto local. Algunos niños tienen dificultades para hacerse escuchar y otros pueden sufrir tartamudez o disfemia.

Hablar con claridad

La necesidad de comunicarse por medio del habla supera la capacidad de articular claramente. El niño de 2 años tiende a hablar atropelladamente y a parlotear con felicidad. A esta edad, los demás no pueden interpretar aproximadamente una tercera parte de las palabras. El control de la voz aún es pobre, en cuanto a tono y volumen, y el ritmo de las palabras está lejos de la perfección.

A los 3 años, cuando un niño se dirige a sus padres, éstos son capaces de entender casi todo lo que dice. Ahora sólo es imposible de descifrar el 10 por ciento de sus palabras. La claridad del lenguaje se incrementa gradualmente hasta que, a los 5 años, pueden entenderse todas sus palabras.

El arte de escuchar

Tenemos tendencia a pensar que hablar es una acción activa y la escucha una acción pasiva, pero se trata de un error, en especial con niños pequeños. Si una madre no escucha realmente a su hijo cuando éste, que acaba de descubrir la alegría del lenguaje y le habla de todo corazón, le explica algo, intuitivamente considera que lo que tiene que decir no tiene una importancia real. Al final puede perder el interés en intentar comunicarse verbalmente y decidir hablar consigo mismo.

Escuchar con atención el parloteo de un niño pequeño, e interactuar con él de manera espontánea, supone una diferencia significativa en el desarrollo de sus habilidades lingüísticas. También resulta importante que el niño aprenda a escuchar con paciencia. Para que esto tenga éxito, el padre debe tener algo que explicar al niño y saber despertar su interés (un momento perfecto para contar cuentos). Explicado de manera teatral, un buen cuento puede mantener la atención del niño durante un período prolongado, lo que constituye el inicio de una escucha conversacional genuina para su vida futura.

Hablar atropelladamente, tartamudez y disfemia

Algunos niños tienen problemas al articular las palabras. Algunos hablan demasiado rápido porque temen que nadie les escuche durante mucho tiempo y así llegan a juntar tanto las palabras que éstas resultan difíciles de entender. La causa suele ser la impaciencia de los adultos, demasiado ocupados para dedicar tiempo a sus hijos. Un niño nota que el período de conversación es limitado e intenta expresar todo lo que necesita en un tiempo lo más reducido posible. Pueden ser necesarios varios años para corregir este defecto.

La tartamudez o disfemia es justamente lo contrario. Una falta de fluidez verbal, este defecto impide que el niño pronuncie las palabras a la velocidad precisa. Se enfrenta a tres problemas cuando intenta hablar. Puede que le sea imposible pronunciar una sola palabra y experimente una pausa indeseada, o bien que al decir una palabra sea incapaz de terminarla, repitiendo el inicio de la misma una y otra vez en rápida sucesión. O puede que emita un sonido, pero que éste se convierta en una versión extraordinariamente prolongada del mismo.

La tartamudez es común en niños de 3 a 5 años, fase en la que aprenden a articular mejor, y se incrementa cuando están tensos. En la mayoría de los casos dura unos cuantos meses. Este fenómeno se conoce como pseudotartamudez y no es motivo de preocupación. Si continúa o empeora, puede convertirse en tartamudez adulta, lo que requerirá de la intervención de un logopeda. Pero en las etapas tempranas del desarrollo lingüístico es simplemente una fase de aprendizaje durante el proceso de adquisición del lenguaje articulado. La peor manera de tratarlo es interrumpir al niño o realizar comentarios sobre sus dificultades. De esta manera sólo se consigue incrementar la tensión y empeorar la dolencia. La mejor solución está compuesta por paciencia y un ambiente tranquilo. Prueba de ello es que los niños pequeños no tartamudean cuando hablan en voz baja con sus juguetes.

jugar y los juegos

El juego es la característica dominante de la vida preescolar y su significado suele estar infravalorado. Entre los 2 y los 5 años, el niño vive para jugar. Dormir, comer, beber, bañarse y viajar son poco más que interrupciones en un mundo mágico en el que jugando se investiga, explora, pregunta y se satisface la curiosidad. Los seres humanos son los seres que más juegan del planeta, y la fase preescolar es, con diferencia, la etapa más juguetona de la vida.

Amor por lo novedoso

Cualquier padre sabe que un juguete nuevo es el más emocionante. Abrirlo, examinarlo, probarlo, aprender lo que hace y jugar con él genera un gran entusiasmo. El cerebro humano está programado para buscar las novedades y explorarlas. Al cabo de un tiempo el juguete nuevo se vuelve demasiado familiar y pierde parte de su atractivo. Una vez agotadas sus posibilidades, se aparta y un juguete más viejo y al que no se ha prestado mucha atención recientemente vuelve a pasar a un primer plano. La atención del niño se desplaza de un juguete al siguiente; cuanto mayor sea el tiempo durante el que se ignora un juguete, mayor será su factor de novedad.

No todos los juguetes tienen el mismo atractivo como objeto de juego. El juguete que ofrece la mayor variabilidad es inevitablemente el que recibe la mayor atención. Un columpio es popular porque proporciona un movimiento de vaivén de intensidad variable. A pesar de los cambios en la intensidad de cada oscilación, se trata más bien de una actividad monótona que no dura mucho tiempo. Un trampolín permite más variantes en los movimientos de rebote arriba y abajo y resulta más atractivo. Un coche de pedales o un triciclo son todavía más atractivos porque, a pesar de que el movimiento que realiza el niño es la descripción de un círculo monótono con los pies sobre los pedales, el resultado de estas acciones, combinadas con el giro de un manillar, ofrece posibilidades ilimitadas. El niño puede ir a cualquier lugar (*véase* Montar en bicicleta, páginas 52-53). El juego de pelota ofrece un grado similar de variabilidad. La acción de dar patadas o lanzar puede no ser muy variada, pero, debido a la forma esférica de la pelota, se puede mover en mil direcciones distintas (*véase* Jugar a la pelota, páginas 50-51). Cada tipo de juguete, por lo tanto, tiene un «potencial de novedad» basado en la variabilidad de las actividades que pueden emprenderse con él.

Juegos a los que juegan los niños

Una forma especial de juego supone inventar o copiar un conjunto sencillo de reglas. Un niño puede inventar su propio juego, como esconder sus juguetes y pedir a un adulto que los busque. Las reglas no son nada más que cerrar los ojos y contar, mientras se esconden los juguetes. Otros juegos, sugeridos por los padres o niños mayores, como el escondite o las sillas musicales, también se aceptan con ilusión y pueden jugarse una y otra vez antes de que el niño se canse de ellos. A fuerza de repetirlos, por supuesto, perderán su condición de novedad y deberán sustituirse por otros. Es posible que algunos de sus juegos favoritos continúen apareciendo regularmente, en especial aquellos a los que todavía jueguen los hermanos mayores.

Con el transcurso de los meses, comienzan a disfrutar de los rompecabezas, los juegos de mesa, los de cartas, dibujar y pintar, pero su atractivo para el niño en edad preescolar es limitado porque requieren permanecer sentados durante períodos prolongados de tiempo, cuando hay tanta energía física para liberar. Sin embargo, después de una agotadora sesión de bullicioso juego de acción, son bien aceptados para llenar los períodos de tranquilidad.

Juego social

La mayoría de los primeros juegos suelen realizarse en solitario o con un adulto. Más adelante, en el viaje de los 2 a los 5 años, el juego social con otros niños de la misma edad comienza a adquirir importancia. Puede consistir en un juego con reglas o ser puramente físico, con actividades como perseguir, esconderse o jugar a lucha. Siempre existe el riesgo, con este tipo de juego físico, de que por accidente un niño resulte herido, se terminen las risas y comience una pelea seria. No obstante, este hecho no es habitual y los estudios demuestran que únicamente ocurre en alrededor de un uno por ciento de los juegos de lucha. Es mucho más común que los niños resulten heridos por accidente al detener un juego brusco. Incluso a una edad temprana, los niños son muy buenos para establecer una clara distinción entre el juego y la realidad.

usar la imaginación

Entre los 2 y los 5 años, el juego simbólico es cada vez más importante en la vida de un niño. Éste simula que el trozo de madera en su mano es un avión y juega a hacerlo volar en su habitación. La niña se imagina que la muñeca que sostiene en brazos es un bebé de verdad y juega a alimentarla con comida imaginaria. El juego de estas características puede ser tanto individualizado como social.

Doble conocimiento

En los casos antes mencionados, ningún niño se engaña con lo que hace. Incluso mientras el niño vuela con su avión, imitando el ruido de los motores, es consciente de que realmente sólo es un trozo de madera. Y mientras la niña da cucharadas de un alimento imaginario a su muñeca, diciendo «come», sabe que no sostiene a un bebé real. Este «doble conocimiento» es la esencia del juego simbólico. El niño entiende las propiedades reales e imaginarias de los juguetes. Éste es el inicio del pensamiento simbólico, hacer que una cosa represente otra, una capacidad que adquiere una importancia vital cuando el niño crece. Es la base del lenguaje, en el que una palabra debe representar un objeto, y más adelante constituye la base de la literatura, el teatro, el cine y otras actividades creativas. De la misma manera que la niña sabe que su muñeca no es un bebé real, los adultos son conscientes de que lo que ven en la pantalla del cine no es real, pero, al igual que el niño, se imaginan que lo es.

Elementos del juego simbólico

El juego simbólico contiene tres elementos distintos: la transformación de un objeto en otra cosa, la atribución de propiedades imaginarias a un objeto, y la invención de objetos imaginarios.

En el caso del niño que hace volar un avión, la madera en su mano se transforma en metal y adquiere la forma deseada de una aeronave; se la dota de la propiedad imaginaria de despegar y aterrizar, y el piloto que conduce la nave es totalmente supuesto.

Al utilizar estos tres elementos, un niño, incluso en un entorno de graves carencias, puede permitirse el capricho del juego simbólico. El más simple y rudimentario de los objetos puede transformarse en algo emocionante y maravilloso. El hecho de que este patrón de juego exista en todo el mundo, incluso en las culturas en las que no se fomenta, sugiere que puede tratarse de una cualidad innata del niño en crecimiento y que desarrollar el doble pensamiento de este tipo le permitirá ser capaz de contemplar situaciones posibles además de aquella en la que se halle en ese momento.

El desarrollo del juego simbólico

En el tránsito de los 2 a los 5 años, se incrementa la complejidad del juego simbólico. El niño de 2 años muestra signos de desear pasar del juego simbólico en solitario a una actividad más social. Habitualmente suele hacerlo con uno de los padres o hermanos, que deben unirse a la fantasía y pretender que se beben un té imaginario.

A los 2,5 años se presenta una nueva fase del desarrollo en la que se dota a los objetos sustitutivos, como muñecos o animales de juguete, de sentimientos propios. Una muñeca se porta mal y debe ser reprendida o un animal de juguete se cansa y quiere ir a dormir. Una nueva prolongación de esta fase ocurre cuando uno de los seres sustitutos se vuelve activo por derecho propio y debe controlar el comportamiento de otro. Un animal de juguete debe intentar convencer a otro de que se esconda porque viene un monstruo; una muñeca grande debe dar de comer a una más pequeña.

A los 3 años pueden aparecer roles complementarios como el de una enfermera que cuida de un paciente o el de un conductor de autobús que recoge a un nuevo pasajero; a menudo los padres o hermanos deben asumir la relación imaginaria.

A los 4 años surgen nuevas complicaciones. Ahora los seres sustitutos desarrollan sentimientos. Una muñeca está triste y sola o un elefante de juguete cuya oreja se ha caído está herido y siente dolor. Este tipo de juego simbólico demuestra que el niño de 4 años ya tiene en consideración los estados de ánimo y sentimientos de los demás porque se vuelve menos egocéntrico.

juego de rol

El juego de rol es una forma especial de juego simbólico en el cual el niño se convierte en un actor que desempeña su papel y usa su imaginación para comportarse como si fuese otra persona. Requiere que el niño piense cómo debe sentirse al ser otra persona y actuar en consecuencia.

Imitación e improvisación

El juego de rol no sigue un papel predeterminado. Requiere de improvisación y de la invención de interacciones teatrales entre dos o más jugadores. Los niños implicados deben acordar entre ellos quién será quién. Uno será el médico y el otro la víctima del accidente, o uno será el dependiente y el otro el cliente. Si se cansan de sus respectivos papeles, pueden cambiar y continuar jugando.

Todo esto puede parecer un simple juego de niños, pero en realidad implica un comportamiento más bien complejo por parte de los niños en edad preescolar. Deben ser capaces de imitar los movimientos, acciones y voces de los personajes que imitan y también de desarrollar un guión conforme evoluciona su obra. Deben confiar el uno en el otro para mantener la farsa y continuar el juego.

Amigos imaginarios

Ocasionalmente, un niño participa en un tipo especial de juego de rol en el que establece una relación con un amigo imaginario. Puede tratarse de una presencia invisible o un juguete favorito que ha sido designado para representar el papel del amigo.

Juego de fantasía

Una versión del juego de rol con amigos imaginarios, particularmente popular entre los niños pequeños de entre 4 y 5 años, es la de disfrazarse como un personaje de ficción, como Superman o Batman, y comportarse como si fuesen este personaje popular. En este caso, ellos mismos se convierten en el amigo imaginario; su propia personalidad desaparece y se convierten en otro. Representan este papel de manera incansable y durante largos períodos de tiempo, insistiendo en ocasiones en comer y dormir con sus disfraces. Se oponen con firmeza a cualquier intento de descartarlos. En su mente disfrutan de los extraordinarios poderes de su héroe de ficción y de su popularidad, lo que supone un enorme atractivo al que se resisten a renunciar. Incluso pueden negarse a responder a su nombre real, insistiendo en usar el de su personaje ficticio.

Hace tiempo, un niño que se comportaba de esta manera, ya fuera hablando a un amigo invisible o disfrazándose como un personaje de ficción, era motivo de preocupación, ya que se consideraba que podía sufrir un problema emocional y que necesitaba ayuda para superar su fantasía. Actualmente esto ya no ocurre, ya que los estudios más recientes demuestran que entre el 50 y el 65 por ciento de todos los niños en edad preescolar tienen un compañero imaginario o se visten como uno en algún momento. De hecho, lejos de ser un problema, este tipo de juego de rol se considera ahora como un hito importante en el desarrollo de la comprensión de los sentimientos, pensamientos y creencias de los demás.

Las ventajas del juego de rol

El juego de rol se considera hoy en día como una etapa importante en el desarrollo mental del niño en edad preescolar. Como debe inventar un diálogo para dar continuidad a sus representaciones, el juego de rol fomenta el desarrollo de las habilidades narrativas. Esto le ayuda en su capacidad de relatar y apreciar los relatos de los demás. El juego de rol también ayuda al niño a mejorar sus futuras habilidades de lectura y escritura. También puede conformar los cimientos de la creatividad adulta. Cuando a un actor famoso se le preguntó cómo conseguía meterse en un papel tras otro, a menudo con personalidades muy distintas, respondió que en realidad era muy fácil, que todo lo que tenía que hacer era volver a los días en los que, cuando tenía 4 años, jugaba a indios y vaqueros, y le tocaba ser indio un día y vaquero al siguiente.

coleccionar y clasificar

Entre los 4 y los 5 años surge una extraña necesidad de comenzar a clasificar el mundo. Un niño pequeño aprende tanto cada día que su cerebro necesita encontrar la manera de organizar la nueva información para manipularla con más facilidad. Lo consigue al organizar las cosas en categorías, clasificarlas en distintos tipos y colocarlas con sumo cuidado.

Aprender a clasificar

Una primera visita al zoológico puede ser confusa para un niño de 4 años. Hay tantos animales que ver. ¿Cómo recordarlos todos? Con la ayuda de las reglas básicas de la clasificación. ¿Qué tienen en común las aves?: plumas; ¿qué tienen en común los mamíferos?: piel o pelo, ¿y los reptiles?: escamas. Después hay que pasar al siguiente nivel: las lagartijas tienen cuatro patas, las serpientes, ninguna; los antílopes tienen cuernos, los ciervos astas, y así sucesivamente. Cuando el niño de 4 o 5 años ha asimilado la idea de agrupar los animales del zoológico de esta manera, los recuerda cada vez mejor. Si únicamente los considera como una mezcla de animales, le será mucho más difícil.

Formar una colección

Clasificar cosas resulta mucho más divertido si el niño puede hacer su propia colección de objetos. Puede tratarse de una colección de juguetes, modelos de coches, por ejemplo. Puede alinearlos, ordenarlos una y otra vez según su color, tamaño, marca, nombre u otra cualidad. Nuevamente, esto permite que su cerebro desarrolle distintas maneras de organizar elementos de la vida cotidiana: una habilidad mental que se torna cada vez más importante en los años venideros.

Tener una colección de objetos que requieren clasificación también introduce la noción de categorías y secuencias, así como la de grupos y subgrupos. Es el origen del desarrollo de una mente ordenada que, en la vida adulta, le permitirá enfrentarse con mayor eficiencia a las complejidades de la vida.

La colección ideal para un niño de 4 años es la que él mismo hace. Puede tratarse de cualquier cosa, desde cromos o etiquetas a conchas o flores, minerales o piedras. Si él decide por sí mismo qué objetos coleccionar y organizar, no sólo aprenderá a clasificar, sino también sobre la búsqueda y la pertenencia.

Tener posesiones personales puede ser importante para el niño, y lo peor que un adulto puede hacer en estos casos es considerar su colección como «basura» y tirarla sin su consentimiento. Un niño puede ser capaz de guardar rencor durante toda su vida por ello, un resentimiento que puede parecer desproporcionado. Esto se debe a que la propiedad de un bien personal se vuelve cada vez más importante conforme el niño se aproxima a la edad escolar. Su colección es una extensión de su personalidad y menospreciarla es como menospreciarlo a él.

El progenitor que, en lugar de desdeñar la colección, muestra interés por ella y pregunta sobre los distintos artículos que contiene, cuál es el mejor, por qué lo eligió, cómo se llama, dónde lo ha conseguido, cuál es su favorito, dispondrá de una nueva manera de interactuar con el niño, agradarle y hacerle sentirse importante. Es más, los padres pueden proporcionarle unas estanterías o cajas para ponerla a buen recaudo, y a salvo de hermanos o visitas.

hacer y construir

Uno de los grandes retos del niño en edad preescolar es construir algo a partir de otros materiales. Comienza con una torre de bloques, pero pronto se convierte en algo mucho más difícil. Los estudios demuestran que el juego constructivo está positivamente relacionado con los resultados de las pruebas de inteligencia.

Los bloques de construcción son una valiosa herramienta de aprendizaje para cualquier niño y le permiten explorar las distintas propiedades de las formas tridimensionales, reconocer objetos idénticos por su forma, color o tamaño y desarrollar habilidades visoespaciales que incluyen la rotación mental de los objetos en el espacio. También ayudan a aprender a contar mientras el niño realiza la difícil conexión entre el reconocimiento del sonido de un número y una cantidad específica de bloques.

Existen equipos de construcción, de manualidades y para montar de muchos tipos, y todos ellos pueden mantener entretenido a un niño durante horas con la ayuda de sus padres. Sin embargo, no todos los niños disfrutan con este tipo de juego. Algunos se interesan por él inmediatamente y le dedican toda la atención y habilidades manuales necesarias, y con ello obtienen una enorme satisfacción al ver cómo el producto se materializa frente a sus ojos. A otros niños esta actividad les resulta muy tediosa y pierden el interés enseguida.

Equipos de construcción

Los equipos de construcción modernos están dirigidos al desarrollo de las habilidades y a mejorar la comprensión de las máquinas más simples. Existen equipos con ruedas, engranajes, palancas, ejes giratorios, ganchos, palas y hélices, todos ellos encaminados a familiarizar al niño de 4 o 5 años con los principios básicos de la ingeniería y la construcción. La teoría es que jugar con este tipo de juguetes mejora las habilidades matemáticas que tendrá a una edad más avanzada. Se obtuvo un resultado más bien sorprendente como resultado de un estudio que intentaba probar esta teoría: se llegó a la conclusión de que el uso de equipos de construcción entre los niños en edad preescolar no tenía efecto en sus habilidades matemáticas durante los primeros años escolares, aunque sí en los últimos. El motivo de este efecto a largo plazo no está claro, pero demuestra que el aprendizaje temprano puede quedar profundamente grabado en el cerebro para utilizarse en el futuro.

Parece probable que, además de esta conexión demostrada con las habilidades matemáticas, el niño preescolar que disfruta con la mecánica de la construcción también se convertirá más adelante en constructor, arquitecto, ingeniero o diseñador.

Construcción con imaginación

Los materiales de construcción ayudan a estimular la imaginación del joven constructor. Una colección sencilla de bloques puede utilizarse para hacer un castillo, un palacio, una granja o un barco, y estas creaciones imaginarias pueden poblarse con soldados, príncipes y princesas, animales de granja, marineros, y así sucesivamente. Resulta sencillo adquirir un equipo completo prefabricado, pero el primero que ha construido el niño por sí mismo supone un estímulo más activo para su mente. También es más flexible. Un día puede ser una fortaleza y al siguiente puede rediseñarse como una granja.

números y contar

En el pasado se llegó a cuestionar el que los niños muy pequeños pudieran comprender el concepto de contar, o el de los números, ya que carecen del lenguaje con el cual comunicarse sobre estos temas. Esta visión descuidó el hecho de que los monos e incluso los pájaros son capaces de contar con increíble exactitud y ellos, por supuesto, carecen de lenguaje verbal. Parece ser que en la primera infancia hay más matemáticas de lo que hasta ahora se había supuesto.

Contar sin números

La idea de ser capaz de contar sin números resulta extraña para un adulto. Pero, si a un pájaro se le ofrece comida en un recipiente cubierto por una tapa marcada con un determinado número de manchas, y después se le ofrecen varios recipientes, todos ellos cubiertos con tapas, aunque con un número distinto de manchas en cada una de ellas, seleccionará con éxito aquel que coincida con el número original de manchas. El pájaro no cuenta «uno, dos, tres, cuatro…» mientras estudia los puntos, porque no tiene palabras para los números. En cambio, examina la tapa y, a pesar de que las manchas tienen formas y tamaños irregulares, es capaz de evaluar, de un vistazo, el número de manchas presente. El niño pequeño tiene una habilidad similar, incluso antes de haber aprendido los nombres de los números.

Ha sido posible llegar a conocer estas habilidades gracias a que los organizadores de los grupos de juego han aprendido a introducir métodos informales de enseñar números a los pequeños. Han demostrado que los niños de 2,5 años pueden ser capaces de sumar y restar de manera no verbal. Las pruebas en las cuales se ponen puntos negros en una tarjeta y después se ocultan, después de lo cual se pide al niño que haga una copia de los puntos, revela que son capaces de recordar los números implicados. En otras palabras, un niño en edad preescolar es capaz de resolver problemas numéricos de manera no verbal antes de poder resolverlos verbalmente utilizando las palabras para uno, dos, tres y así sucesivamente.

Este hecho ha llevado a algunos expertos a sugerir que el cerebro del niño está programado para ser sensible a los números y que los seres humanos nacen con la capacidad de reconocer estos elementos como «unos, doses y treses». Los niños ya están preparados para el día en el que contar de manera verbal se

añada a sus conocimientos gracias a la enseñanza, y esto explica por qué aprenden a contar con números de manera tan rápida y eficiente.

Juegos matemáticos

El secreto de enseñar matemáticas a los muy pequeños radica en convertir cada problema en un juego más que en aplicar métodos de enseñanza formales. Cortar una manzana en cuatro partes iguales, por ejemplo, se utiliza para demostrar que dos cuartos son una mitad y que dos mitades son un entero. Repartir el mismo número de caramelos también resulta útil para familiarizarse con las diferencias numéricas.

Al principio, la comprensión de la idea de los números y los conceptos matemáticos básicos es una manera más fácil de aprender que tener que enfrentarse a una serie de datos a memorizar. Una vez que se ha alcanzado la etapa en la que los números tienen palabras (uno, dos, tres), existen muchas maneras a través de las que el niño puede familiarizarse con las operaciones matemáticas fundamentales, suma, resta y multiplicación, de una manera divertida. El hecho de tener diez dedos puede ser de gran ayuda, porque el adulto puede mostrar su mano con varios dedos escondidos a la vista y pedir que el niño haga lo mismo. Con ello deberá comprobar el número de dedos que muestra y, poco a poco, con juegos como éste, pueden introducirse otros conceptos matemáticos, además de contar, como ejercicio divertido.

mantener la atención

Se suele decir que un niño es capaz de mantener la atención durante 3 a 5 minutos como máximo. Este tipo de afirmaciones son engañosas, ya que depende de lo que atraiga su atención. Un niño de 4 años puede perder el interés por jugar con un juguete en particular en menos de un minuto, pero ese mismo niño puede sentarse y ver su película favorita durante más de dos horas sin quitar los ojos de la pantalla ni una sola vez.

Ver la televisión

A veces se usa el televisor como medio para dar un respiro a un padre ocupado. Desafortunadamente no todas las cadenas de televisión se interesan por la educación de los niños y algunas prefieren captar la atención infantil cambiando rápidamente de una escena a la próxima o de un anuncio al siguiente. En estos casos, al niño le queda poco tiempo para fijarse en un tema y se ve bombardeado por un torrente continuo de imágenes cambiantes, ninguna de las cuales requiere de una concentración a largo plazo. La exposición prolongada a la televisión puede dar lugar a una capacidad de atención muy breve por parte del niño. Cuando éste va al colegio y se ve obligado a enfrentarse a clases que duran mucho más tiempo, se encuentra en clara desventaja.

Lectura con los padres

El niño de 4 o 5 años que cuenta con la suerte de tener padres que se sientan con él cada día para leerle de forma cuidadosa y expresiva desarrolla una capacidad de atención que se alarga cada vez más. Si se trata de una buena historia, que capta la atención del pequeño, el período de concentración puede durar hasta 20 veces más de lo que el niño aguantaría delante del televisor. Una lectura diaria prepara al niño para mantener la atención durante un período de tiempo más largo. El niño no es consciente de que hay diferencias entre escuchar una historia y ver la televisión, pero el análisis del tiempo dedicado a concentrarse en un único tema demuestra que, de manera gradual, es capaz de alargar su período de concentración. Esta habilidad queda posteriormente grabada en su pensamiento y, cuando finalmente comienza su escolarización, es capaz de atender durante las largas lecciones.

Seguir un largometraje

Aunque resulte sorprendente, los largometrajes se parecen más a un libro que a un programa de televisión, en lo que concierne a la capacidad de atención. Pueden parecerse a un programa de televisión por la pantalla, pero requieren que el niño preste atención durante 2 horas más que 2 minutos. Si la película es especialmente atractiva, como uno de los clásicos infantiles, el pequeño se sentará inmóvil durante todo el relato, e incluso lo hará nuevamente unos cuantos días después. Después de cada visionado, recordará un poco más de la trama, de manera que, si lo vuelve a ver una vez más, pero esta vez con sus padres, podrá disfrutar de la sensación de importancia que recibe al relatar al adulto con exactitud lo que ocurrirá a continuación.

Un niño de 4 años que se volvió adicto a las películas de *La guerra de las galaxias/Star Wars* fue capaz de explicar las diferencias entre una secuela y una protosecuela a un adulto confuso. Conocía los nombres de todos los personajes y comprendía sus complejas relaciones y su evolución de una película a otra.

Podría argumentarse que películas como *La guerra de las galaxias/Star Wars* no tienen valor educativo alguno, al ser totalmente fantasiosas, pero este punto de vista es erróneo. Los detalles precisos no son lo importante, pero sí lo es el hecho de que el joven cerebro debe esforzarse para aprender, nombrar, clasificar y entender un largo reparto de personajes. Es cierto que el niño nunca se encontrará con ellos en la vida real, pero su fascinación por estas películas ha ejercitado su cerebro en los procesos básicos de nombrar, clasificar y entender unas relaciones cambiantes. Se trata de un aprendizaje más genérico que específico, y prepara a las neuronas, en proceso de maduración, para categorizar los detalles más prácticos con los que se encontrarán durante las lecciones escolares de los años venideros.

el niño creativo

Ser creativo consiste en materializar algo que no existía previamente. En ocasiones se confunde con la mímica y el juego de rol (*véanse* páginas 96-97), pero la esencia de la creatividad es que implica inventar algo nuevo. Si, por ejemplo, un adulto baila como un pájaro e invita al niño a seguirle, el resultado es un baile de imitación. Si, por el contrario, el adulto pide al niño que baile como un pájaro sin demostrarlo con una acción, y el niño utiliza su imaginación para transformar sus brazos en alas y los mueve arriba y abajo, no imita al adulto, sino que es creativo.

La medida de la creatividad

Si a un niño se le da una colección de bloques de madera, sin la guía de un adulto es posible que espontáneamente los apile, uno encima de otro, para crear una torre, o quizá los alinee sobre la alfombra para crear un tren. Resulta tentador para un adulto sugerir «vamos a construir una torre» o «vamos a construir un tren» y mostrar cómo hacerlo, para después seguir con la instrucción «ahora inténtalo tú». Hace falta cierto dominio para colocar un montón de bloques frente a un niño y esperar a ver lo que pasa. Pero si se consigue, es posible ver cómo trabaja la imaginación del niño. No hay manera de adivinar la manera en la que comenzará a jugar con los bloques. Puede inclinarse por construir una pared o hacer un círculo con los bloques. Todo lo que haga sin instrucciones es una medida de su creatividad.

Disciplinas creativas

Existen dos tipos de creatividad: constructiva y destructiva. El acto de creación implica cambiar el statu quo y hacer algo nuevo que antes no existía. Un niño que construye una torre de bloques sin ayuda aplica la creatividad constructiva. La creatividad destructiva se aprecia cuando, una vez que ha construido la torre (o ha visto a sus padres construir la torre), el niño la tira. En ambos casos, el niño altera la situación existente para crear algo nuevo. En el primer caso genera orden a partir del caos, mientras que en el segundo genera el caos a partir del orden. Hay que admitir que los actos de destrucción son muy atractivos para el niño pequeño. Su expresión de regocijo cuando la pila de bloques se derrumba es obvia. Con un alegre manotazo es capaz de derribar todos los juguetes cuidadosamente dispuestos en el suelo de una manera especial. Con un solo golpe puede aplanar un castillo de arena construido en la playa. El niño disfruta del descubrimiento de que la creatividad destructiva es mucho más fácil que la constructiva. Una simple acción crea un cambio masivo en un instante. Reventar un globo es mucho más rápido que inflarlo. La creatividad negativa de este tipo, tan popular e inocente entre los niños pequeños, puede convertirse en un problema serio si persiste hasta la edad adulta.

El joven intérprete

Una de las primeras manifestaciones de creatividad positiva en los niños es la interpretación: actuar, bailar e inventar juegos nuevos. Incluso un niño de 4 años es capaz de inventar historias e interpretarlas. Al jugar solo, el niño puede inventar un personaje imaginario con quien se involucra en una escenificación propia. Al jugar en un grupo, puede inventar monstruos que persiguen a otros niños y aparentar que los ataca. Cuando hay música, crea sus propias formas de baile, salta, se inclina o se mueve hacia delante y hacia atrás según su propia inventiva. Desde una edad muy temprana, el ritmo es un elemento importante de la danza, y el cerebro humano parece obtener una gratificación especial con las actividades que implican un ritmo regular o una repetición rítmica.

El joven artista

Con barro, lápices de cera o pintura, un niño de 4 años demuestra una enorme inventiva. Comienza a dar forma al barro o crea imágenes sencillas con las ceras, y parece preferir hacerlo sin consejos externos. Tiene suficientes imágenes en la cabeza y disfruta al experimentar con ellas (*véase* también Habilidades pictóricas, páginas 114-115).

memoria y recuerdo

Como adultos nos cuesta recordar nuestros primeros cinco años de vida. Es posible que recordemos algunos momentos realmente emocionantes, o algunos realmente malos, pero todo lo demás resulta confuso. Ello se debe a que para el niño pequeño la memoria está relacionada con el acontecimiento que ocurre en ese momento. Las enseñanzas de los padres pueden suponer una gran diferencia en este aspecto, en especial si se considera la memoria una forma de juego.

Aprender a recordar

Intentar potenciar las habilidades de memoria en los niños de una manera rígida suele conducir al fracaso. Para el niño en edad preescolar, la motivación está muy ligada al juego y, si la actividad es divertida, aprenderá más rápido. Las canciones de guardería se recuerdan más fácilmente que las listas habladas, por ejemplo.

Algunos hechos tienen poco significado en el mundo del niño. Si, por ejemplo, a un niño se le pregunta por su número de calzado es probable que responda «el mismo que mis pies» porque esto tiene más sentido para él que algún sistema de numeración abstracto. Sin embargo, incluso una información inútil como el tamaño del calzado podría enseñarse a un niño si se convirtiese en un juego de adivinanzas en su grupo de juego. Si se pide a todos los niños que se quiten los zapatos, se les informa de que cuanto más grandes sean sus pies mayor será también el número de los zapatos y que deben adivinar el número de zapatos de todos los demás, el tema resultará divertido y, al final del juego, es probable que el niño sea capaz de recordar el tamaño de sus propios zapatos.

Aprendizaje por repetición

Los padres que inventan juegos de memoria sencillos o pasan un rato cantando canciones infantiles e inventando competiciones que únicamente pueden ganarse si un niño es capaz de recordar ciertos hechos ayudan a programar el cerebro del niño pequeño en cuanto a habilidades memorísticas. Lo que es más importante, al repetir estos juegos una y otra vez no sólo se alimenta el cerebro con información nueva, sino que éste se torna más receptivo a cualquier otra información novedosa.

Memoria a corto y largo plazo

El cerebro infantil tiene una enorme capacidad para recordar hechos, como una esponja que absorbe cualquier experiencia durante el día. Si se retuviera cada una de estas experiencias en el banco de memoria, el cerebro se sobrecargaría con rapidez y carecería del espacio suficiente para almacenar experiencias nuevas. Sin embargo, el cerebro también está programado para olvidar, eliminar los hechos poco importantes y guardar los que son más útiles o impresionantes.

De este modo, el niño contará con numerosos recuerdos a corto plazo, incluyendo lo que ha comido ese mediodía, pero quizá no se acuerde de lo que cenó hace una semana. Sin embargo, recordará su pastel de cumpleaños con velas de hace unos meses. Los acontecimientos relacionados con un placer excepcional (o un dolor excepcional) penetran más profundamente y se almacenan en el banco de memoria a largo plazo.

Mnemotecnia

Un hecho o una experiencia sin un poderoso contenido emocional sólo puede convertirse en memoria a largo plazo si se repite de manera incesante (factor de repetición), o si se realiza un esfuerzo especial para almacenarlo. Para ayudar a un niño a recordar que vive en el número 5, puede utilizar una estrategia de memoria (el número de su casa es el mismo que el número de dedos en una mano). También puede mejorar su memoria a largo plazo si organiza sus pensamientos y crea categorías distintas para cada tipo de hechos. Incluso puede mejorar todavía más si pregunta para comprender cómo funcionan las cosas. Cuanto mejor comprenda un hecho más fácil le será recordarlo.

Una vez que la información ha quedado almacenada en la memoria a largo plazo, pasa a recordarse automáticamente si requiere un uso constante. Los recuerdos que no han sido necesarios durante décadas, como el nombre de un amigo de la infancia, son más difíciles de recuperar. Los recuerdos desagradables de la infancia también pueden ser difíciles de recordar porque han sido borrados. El cerebro se protege de ellos y los encierra.

4 años

Lo que ocurre dentro y fuera

Cerebro

A los 4 años, el córtex prefrontal(que controla la atención, la memoria a largo plazo y las funciones de planificación) se ajusta a distintas tareas.

Dientes

La mandíbula y los huesos faciales comienzan a crecer y madurar, lo que proporcionará el espacio necesario entre los dientes de leche para cuando salga la dentición permanente, de mayor tamaño.

Peso medio

Niños: 20 kg   Nñas: 12.25 kg

Estatura media

Niños : 109 cm   Nñas: 94 cm

Perímetro craneal

Niños : 50,4 cm   Nñas: 49,6 cm

Necesidad de sueño

11-13 horas

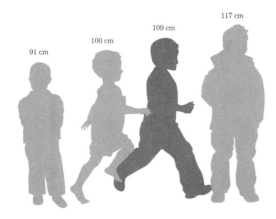

el asombroso mundo de los 4 y 5 años

Seguro de sí mismo y hablador, el niño es ahora un individuo con confianza e imaginación que se prueba a sí mismo en relación a las reglas sociales que el mundo le impone. Sin embargo, ahora cuenta con una sensación de consecuencia y reconoce que su comportamiento tiene un impacto sobre los otros. Tras un año o dos de socialización, tiene muchos amigos con un amplio círculo de compañeros, pero también cuenta con unos cuantos amigos cercanos y quizá uno o dos amigos imaginarios. El ser un chico o una chica adquiere un nuevo significado, ya que el niño de 4 años comienza a relacionarse con otros del mismo género y disfruta de los juegos de rol. Con una sensación más firme de quién es en el mundo, al final de los 5 años el niño será capaz y deseará expresar sus propios pensamientos sobre la vida, el universo y todo lo demás.

≪ el niño de 4 años

el niño de 5 años ≫

5 el mundo social y emocional

La organización y la responsabilidad son habilidades de las que disfruta el niño de 5 años, tanto en casa como en el entorno escolar; al controlar mejor sus emociones, su temperamento es más estable, con lo que muestra afecto y empatía hacia los demás.

Demostrar las habilidades recién adquiridas o relatar historias entretenidas a sus amigos es clave para desarrollar el sentido de identidad en esta etapa. Ahora se reconoce a sí mismo como un «agente de acción» (sus acciones tienen incidencia sobre los que le rodean) y, por tanto, puede sentirse orgulloso de sus logros. Sin embargo, al mismo tiempo, el niño de 5 años ha adquirido también la capacidad de autocrítica y puede sentirse avergonzado cuando se le indica que ha cometido un error.

El niño de 5 años confía en sí mismo, disfruta de las actividades en grupo con juegos de cooperación y se le ocurren muchas ideas lúdicas. Cuenta con uno o dos amigos íntimos, aunque aún disfruta con un amplio círculo de amistades.

Con objeto de desarrollar buenas relaciones con sus semejantes, un niño necesita ser capaz de reconocer las indicaciones sociales de sus amigos. Un niño que puede controlar su comportamiento de tal manera que sus amigos se sientan apoyados disfrutará de un mayor éxito entre sus amistades y evitará el rechazo.

Por qué las niñas prefieren las parejas y los niños las pandillas

En esta edad, los niños y las niñas son diferentes en cuanto a la naturaleza de sus amistades. Los niños tienden a contar con una pandilla de amigos, mientras que las niñas formarán grupos de dos o tres. Para un niño, una pandilla le ofrece la oportunidad de establecer su jerarquía en un círculo pequeño y controlado de chicos; una niña está más preocupada por sus vínculos con sus mejores amigas y puede darse una intensa competencia entre tres amigas con la única finalidad de descubrir quiénes son las dos «mejores amigas» en un momento determinado.

habilidades pictóricas

Entre los 2 y los 5 años, cualquier niño que tenga acceso a lápiz y papel se adentrará en un emocionante viaje que puede ir desde un garabato aleatorio hasta un alegre cuadro. Resulta sorprendente que las etapas visuales que atraviesan los niños son prácticamente las mismas, independientemente de su lugar de residencia. Una vez superados los 5 años, comienzan a entrar en acción las influencias locales.

Primeros garabatos

Un niño de 2 años con lápiz y papel comenzará a dibujar lo que parecen ser garabatos aleatorios. Estas líneas, que van y vienen de derecha a izquierda, arriba y abajo o en círculos repetitivos, no parecen más que un registro del movimiento del brazo. Pero rápidamente se convierten en algo más, ya que, si la punta del lápiz se rompe y deja de escribir, el niño detiene su actividad. La recompensa no se obtiene con el movimiento por sí mismo, sino de su impacto visual. Conforme transcurren los meses, el niño cambia los garabatos e intenta trazar líneas en zigzag, círculos u ondulaciones. Se han identificado hasta veinte tipos de garabatos.

Los primeros diagramas

El niño de 3 años se cansa de los garabatos e intenta crear un cierto orden. Comienza a simplificar sus líneas. Los burdos garabatos circulares se convierten en círculos; las líneas entrecruzadas se convierten en trazos verticales, diagonales, triángulos o cuadrados, y los patrones irregulares, en formas semejantes a las amebas.

El niño de 3 años comienza a jugar con estos seis diagramas básicos y añade uno a otro. Dibujará un triángulo encima de un cuadrado para crear una casa. Si traza círculos pequeños dentro de uno mayor descubrirá un patrón que puede convertirse en una cara. Estos diagramas vinculados se denominan «combinaciones». La siguiente etapa consiste en unir varias combinaciones para generar «agregados». Las posibilidades son ahora infinitas y, si se deja elegir al niño, algunas prevalecerán sobre las otras para formar la base de las primeras imágenes pictóricas reconocibles, cuando el niño alcanza los 4 años.

Las primeras imágenes auténticas

Al alcanzar su cuarto cumpleaños, el artista en ciernes comienza a crear figuras humanas deliciosamente primitivas. Las más simples tienen una gran cabeza redonda, que también constituye el cuerpo.

Las líneas irradian de esta cabeza-cuerpo: dos inferiores para las piernas, dos laterales para los brazos y otras más pequeñas en la cabeza para el cabello. Los ojos, la nariz y la boca suelen ser poco más que puntos. También se suelen omitir otros detalles. Casi todos los niños del mundo tienen una versión de esta figura («cefalópodo») siempre y cuando se le haya dejado inventar sus propias formas.

Conforme pasan los meses, el niño de 4 años intenta mejorar esta figura. Se crea el cuerpo dibujando una línea horizontal entre las piernas. Desafortunadamente, esto deja a los brazos emergiendo de los laterales de la cabeza, y aún deberá transcurrir algún tiempo para que los dibuje más abajo. Unas manchas en los extremos de los brazos y las piernas se convierten en las manos y los pies, a los que puede añadir dedos. En la cara, los ojos pueden estar adornados con pestañas y la boca abierta puede lucir dentadura. Poco a poco el niño construye a partir de las formas básicas y las hace cada vez más complejas.

Composiciones primitivas

A los 5 años, el artista ha comenzado a componer escenas completas como figuras humanas cerca de una casa, flores, un perro y un coche. Todos estos elementos quedan dispuestos de una manera encantadoramente simple y toda la composición está llena de ritmo y brío. Es la época culminante del arte infantil, cuando el cerebro ha alcanzado una etapa de creatividad que refleja lo que ocurre en la imaginación del artista. Incluye sólo lo que le es importante.

Las imágenes del niño feliz son, ahora, totalmente distintas a las de uno infeliz; de hecho, los dibujos de un artista de 5 años nos ofrecen mucha información sobre el desarrollo de su personalidad. Si los interpretamos correctamente, estos dibujos nos hablarán mucho más sobre la manera en la que madura el cerebro del niño que cualquier conversación verbal. Por desgracia, con la escolarización infantil a los 6 años se pierde rápidamente la creatividad virgen que daba tanto atractivo a sus primeros dibujos.

preescritura

Aunque todos los niños con lápiz y papel muestran una tendencia natural a trazar garabatos que gradualmente se convertirán en dibujos sin la guía de los padres, el desarrollo de la escritura sí requiere de una ayuda especial. Convertir los primeros garabatos en letras requiere de una ayuda considerable, porque los alfabetos o escrituras no son naturales. Cada cultura tiene su propia versión de escritura; un niño árabe, uno ruso y uno inglés deberán aprender un conjunto muy distinto de unidades de escritura.

De los garabatos a la preescritura

A menudo un niño de 3 años que dibuja garabatos queda fascinado al ver a los padres escribir notas en letra manuscrita. Como sabe que dichas notas son importantes, puede intentar imitarlos con su propia versión de escritura. Modifica sus garabatos múltiples y los convierte en líneas controladas de garabatos más pequeños, los cuales, anuncia con orgullo, son mensajes escritos. Después de un tiempo, interrumpe las líneas de garabatos y las hace más cortas, en un intento por generar palabras separadas. Esta escritura de garabatos es completamente indescifrable. El preescritor puede estar orgulloso de la manera en la que ha copiado la escritura adulta y debe recibir un elogio por su esfuerzo, pero esta primera etapa aún requerirá de un posterior refinamiento con ayuda adulta antes de que pueda iniciarse en la auténtica escritura.

De la preescritura a la escritura

En sus dibujos, el niño de 3 años comienza a simplificar sus garabatos múltiples y traza formas distinguibles como círculos, cruces y zigzags (*véanse* páginas 114-115). Con estas formas, y sin demasiada ayuda, comienza gradualmente a generar sus primeras imágenes pictóricas simples. A partir de este proceso los progenitores o los maestros pueden, por así decirlo, «secuestrar» el juego natural de las formas y desviarlo para crear las unidades del alfabeto. El círculo se convierte en la letra O; el semicírculo, en la D; una línea vertical corta se convierte en la I; un zigzag, en una W o en una Z, y así sucesivamente. A los 4 años se distinguen ya más ángulos en los garabatos infantiles; la habilidad para copiar formas geométricas demuestra que está listo para comenzar a aprender a escribir. Si al niño curioso se le muestra todo el alfabeto escrito en una página, y se le pide que lo copie letra a letra, llegará el momento en el que en esta actividad le parecerá un reto emocionante. Cuando escriba sus propias

letras debajo de la elegante versión adulta sentirá inicialmente una frustración, porque sus letras serán toscas en comparación con las del adulto, pero ello le inducirá a repetirlas una y otra vez hasta mejorarlas.

De las letras a las palabras

El siguiente paso consiste en agrupar esas letras rudimentarias para formar palabras: el inicio de un largo viaje hacia la escritura correcta. En primer lugar lo intenta sin una línea base estable y sus letras quedarán esparcidas por toda la página. Algunas letras pueden quedar al revés o tumbadas, pero gradualmente adquirirán su configuración correcta y las agrupará de una manera más organizada.

El niño descubre que las letras compuestas por líneas verticales y horizontales, como T, I, L o H, son más fáciles de crear que aquellas con elementos más complicados. Las letras que combinan líneas rectas y curvas como B, G o P, o letras con trazos diagonales como N, K o Y, son más difíciles.

Las palabras escritas por un niño de 5 años suelen ser difíciles de interpretar. LEJE, NARNGA y CANE no significan gran cosa para un adulto, pero para el niño son parte de la lista de la compra y significan LECHE, NARANJA y CARNE.

A los 5 años el niño es capaz de escribir su nombre de manera clara en letras mayúsculas. Las letras individuales pueden contener trazos poco firmes y estar dispuestas de manera irregular sobre el papel, pero ha llegado al punto de identificarse a sí mismo con esta primera firma. Su escritura habrá evolucionado hasta aquí cuando abandone la fase preescolar. En sus primeros días escolares realizará enormes avances en su capacidad de escritura; en unos cuantos años tendrá una letra manuscrita legible.

el viaje emocional

la frustración

¿A qué edad es más agresivo el ser humano? ¿Son los adolescentes rebeldes quienes manifiestan la máxima violencia? ¿O quizá lo sean los individuos descontentos de mediana edad que sienten que la vida no les ha tratado bien? Resulta sorprendente, pero la respuesta correcta es que la época más violenta de todas tiene lugar cuando el niño alcanza los 2 años.

Los terribles 2

A menudo escuchamos sobre los enfados y las rabietas de los niños de 2 años y cómo, a esta tierna edad, desarrollan un temperamento antisocial que ha motivado muchos debates. Algunos padres se niegan a aceptarlo y niegan cualquier evidencia sobre ellos en sus propios y bien amados hijos de 2 años. Por supuesto que hay excepciones a toda regla, pero, si tenemos en cuenta los resultados a los que llegó un meticuloso y objetivo análisis de la conducta en un grupo de juego, hemos de aceptar el hecho de que «los terribles dos» hacen honor a su nombre.

Las investigaciones a largo plazo llevadas a cabo en miles de sujetos han revelado que un niño de 2 años que pasa una hora jugando con otros niños de la misma edad realiza un acto de agresión física por cada cuatro interacciones sociales. Si se compara con las interacciones pacíficas que esperamos ver entre los adultos humanos en situaciones sociales, esta cifra es alarmantemente alta.

El mayor problema al que se enfrenta el niño de 2 años es que, en términos de desarrollo, su cerebro está ligeramente más desarrollado que su cuerpo. Desea ejecutar acciones que su cuerpo no es capaz de completar con facilidad. Los movimientos y las manipulaciones de sus extremidades son aún torpes, y requiere meses para perfeccionarlas, pero continúa intentándolo y, cuando falla, se enfada.

Esta ira puede convertirse en una rabieta descomunal si los padres intervienen. Si sienten que su ira necesita disciplina, empeorarán las cosas. Lo que el niño frustrado necesita es consuelo y ánimo, no reproches. Sus arrebatos emocionales pueden poner al límite a la persona más tranquila, pero, si uno es capaz de controlarse obrará maravillas en el niño, en especial si le ayuda a superar el reto que se ha propuesto.

Acciones de autoconsuelo

Si las frustraciones no se superan, pueden dejar al niño de 2 años en un estado de conflicto. Si los sentimientos se intensifican, puede comenzar a realizar varias acciones de autoconsuelo. Éstas pueden parecer poco más que pequeños movimientos compulsivos insignificantes, pero en realidad permiten al individuo frustrado encontrar una salida a sus necesidades bloqueadas. Cualquier acción, por irrelevante que parezca, es preferible a permanecer inactivo.

Algunas acciones de autoconsuelo adoptan la forma de regresión a la infancia. El niño frustrado de 2 años puede chuparse el dedo, o, si es lo suficientemente largo, chupar un mechón de su pelo, o balancearse. El acto de chuparse el dedo le devuelve al bienestar del cálido pecho materno y al balancearse recuerda cómo le acunaba la madre para tranquilizarle cuando era un bebé y tenía dificultades para dormir.

Otras respuestas a la frustración contienen un elemento destructivo: ataques dirigidos hacia su propio cuerpo, como si se autocastigara por fallar en una tarea impuesta a sí mismo. Puede comenzar por morderse las uñas, frotarse la nariz o tirarse del pelo.

Estas acciones distraen de la frustración percibida por el niño y, por tanto, proporcionan una breve recompensa. Ello puede derivar en un problema porque la sensación de recompensa que se obtiene puede implicar que se repitan una y otra vez, incluso una vez superada la frustración. Existe entonces el riesgo de que se conviertan en hábitos fijos difíciles de romper. Si existe la más ligera tensión, se llevará el dedo a la boca. Si tiene una ligera sensación de infelicidad, se morderá las uñas una y otra vez hasta llegar a la cutícula. Chuparse el pelo de manera repetida puede generar bolas de pelo más conocidas en gatos que en humanos. Y tirarse del pelo de forma agresiva puede llegar a provocar una calvicie parcial. En estos casos se requiere una gran dosis de simpatía e ingenio por parte de los padres para encontrar la manera de reducir y, con el tiempo, eliminar, estos desafortunados hábitos.

Mejorar las relaciones

Socialmente, el niño de 2 años está preocupado por sí mismo, pero a los 5 años es capaz de interactuar de manera amable con otros niños de su edad y comprende los conceptos de competencia y cooperación. El rápido desarrollo del lenguaje durante este período le permite comunicar sus sentimientos a sus amigos y aceptar la necesidad de compartir y esperar su turno en las actividades de grupo. Aún intenta salirse con la suya, pero entiende que esto no siempre es posible y descubre que a veces es más cómodo ser un seguidor que un líder.

la fuerza emocional

Durante los últimos cuarenta años, se ha producido un cambio importante en el cuidado infantil durante los años preescolares, ya que cada vez más mujeres trabajan, lo que da lugar a la necesidad de guarderías. El niño en edad preescolar ha tenido que aprender a superar la separación y formar nuevos vínculos sociales con sus cuidadores y otros miembros de su guardería. El tipo de cuidado tiene un gran impacto en su crecimiento social y emocional.

¿Casa o guardería?

Hoy en día, alrededor del 64 por ciento de los niños de 3 y 4 años experimentan lo que se conoce como «educación de primer ciclo». La razón es sencilla. Anteriormente, la práctica totalidad de las madres pasaban con sus hijos los cinco años previos a la escolarización. Sin embargo, conforme ha pasado el tiempo, muchas madres han vuelto al trabajo antes y se han visto obligadas a buscar una solución para el cuidado de sus hijos.

Desde el punto de vista social existen tres tipos de niños en edad preescolar:

Niños que se quedan en casa: los que pasan todo el tiempo con su madre.

Niños que salen de día: los que pasan la jornada lejos de casa con niñeras o cuidadoras así como otros niños de su misma edad.

Niños de casa que salen: los que disfrutan de lo mejor de ambos mundos: pasar mucho tiempo con sus madres, pero ocasionalmente pasan un tiempo en una guardería con otros niños.

Los niños que se quedan en casa se benefician de una interacción más prolongada con sus afectuosos padres. Estas interacciones son intensivas y el resultado es una mejora en el nivel de aprendizaje y de inteligencia. Los niños que salen durante el día disfrutan mucho menos de esta intimidad exclusiva pero se benefician de una mayor exposición a los encuentros sociales y las actividades grupales. Los que disfrutan de lo mejor de ambos mundos desarrollan una gran inteligencia y una elevada sociabilidad.

Los estudios recientes sugieren que los hijos de madres trabajadoras, que pasan largos períodos de tiempo en guarderías, son ligeramente menos avanzados y más asertivos cuando alcanzan la edad escolar. Lo que han ganado en habilidades sociales lo han perdido en niveles de aprendizaje. No obstante, lo recuperan rápidamente con una buena escolarización.

Vínculos y apegos

Durante los primeros cinco años de vida, un niño está genéticamente programado para unirse emocionalmente a un cuidador primario. En la mayoría de los casos este cuidador es la madre biológica, pero en su ausencia puede ser otra persona. Además del cuidador primario, puede haber otros cuidadores significativos como padres, abuelos, hermanos mayores o niñeras. Originalmente se pensaba que el apego estaba basado en el «amor interesado», es decir, que el niño se apegaba emocionalmente a la persona que le daba comida, bebida y protección, pero se ha demostrado que no es el caso. El apego va más allá y se basa enteramente en sentimientos de seguridad y protección, los cuales se han obtenido por un prolongado contacto físico que implica una enorme cantidad de contacto íntimo como abrazos y mimos.

Cuando se introdujeron por primera vez las ideas sobre el apego a mediados del siglo xx, se encontró que una guardería que mantenía lazos intensos y estrechos con los padres de sus hijos superaba mejor los problemas de separación temporal. Si los cuidadores conocían bien a las madres de los niños, les resultaba más sencillo convertirse en cuidadores de confianza. Los niños se fiaban de ellos y desarrollaban hacia ellos un apego secundario.

El niño pequeño es capaz de arreglárselas con varios apegos cercanos, tanto en casa con sus cuidadores primarios como en una guardería, con los cuidadores secundarios, siempre y cuando se sienta protegido y seguro, además de recibir las recompensas prácticas de alimento. Sea cual sea el lugar en el que se encuentre el pequeño, debe tener al menos un adulto disponible al cual acudir para recibir un abrazo reconfortante o un mimo cuando está asustado o herido.

un rostro flexible

Interpretar la expresión facial de un niño resulta clave para interpretar sus emociones. Los estudios demuestran que menos del 10 por ciento de los sentimientos se expresa a través de palabras, mientras que más del 90 por ciento se expresa de manera no verbal. Conforme un niño se desarrolla mental y físicamente, la gama y complejidad de sus expresiones faciales y otros signos visuales va en aumento, al igual que su capacidad para manipularlos.

Gestos

Uno de los grandes descubrimientos que realiza el niño mientras progresa de los 2 a los 5 años es la asombrosa flexibilidad de su cara. Comienza con las sonrisas, los mohines y el ceño fruncido y se da cuenta de que puede jugar con estas expresiones e incluso inventar otras nuevas por diversión, y deleitarse con el efecto cómico que tienen y con las reacciones de quienes le rodean. El resultado, a los 4 o 5 años, es la capacidad de gesticular; cualquier padre sabe lo difícil que es obtener una buena fotografía para el álbum familiar sin que una carita insista en hacer una mueca absurda frente a la cámara.

El ser humano cuenta con el conjunto más desarrollado de músculos faciales de todo el reino animal. Incluso un expresivo chimpancé no puede igualar la gama y sutileza de las expresiones faciales humanas. En todo el mundo estas señales son las mismas y suele ser fácil interpretar el estado de ánimo de un niño pequeño a través de la mirada. Todas las emociones (miedo, desagrado, tristeza, sorpresa, enfado o felicidad) están allí. El niño en edad preescolar empieza a aprender la habilidad adulta de esconder las emociones. Incluso las expresiones ridículas, cuando hace estos gestos deliberadamente, son la expresión de su estado de ánimo: el de alegre fanfarronería.

expresión corporal

Además de las expresiones faciales, el cuerpo de un niño envía dos tipos de señales visuales. Se trata de las posturas y los movimientos del cuerpo (agachado, desplomado, erguido) así como de los gestos conscientes y la gesticulación de manos y brazos. Ambos expresan el estado de ánimo y las emociones.

Gestos con las manos

Los adultos realizan dos tipos de gestos con las manos. Las mueven cuando intentan dar mayor énfasis a las palabras que pronuncian. Estos gestos no se planifican, sino que se realizan de manera inconsciente y no ocurren cuando la persona permanece en silencio. Los adultos también pueden utilizar gestos deliberados y simbólicos en los cuales la acción de la mano sustituye al habla. El niño pequeño rara vez emplea estas señales. Es posible que cierre los puños cuando esté enfadado y realice otros gestos simples, pero carece del refinamiento y la complejidad del adulto. Con los gestos simbólicos, desde una edad muy temprana, un niño agita sus manos como saludo o despedida, y también las utiliza para señalar en una dirección, pero, además de éstos, no realizará muchos más gestos manuales simbólicos.

Posturas corporales

Las carencias de un niño, en lo que concierne a movimientos manuales sutiles, quedan compensadas con las posturas corporales. Muestra su alegría saltando con desenfreno en un mismo punto y señala su aburrimiento con un cuerpo caído y arrastrando los pies. Puede mostrar su frustración al balancear rítmicamente el cuerpo de un lado a otro; expresa enfado con una pisada fuerte en el suelo.

El desarrollo del movimiento corporal

Existen dos facetas del movimiento corporal: enviar señales y recibirlas. Las pruebas demuestran que los niños en edad preescolar deben comprender las expresiones y los gestos de otros antes de que las realicen ellos mismos. En otras palabras, la comprensión precede a la producción. El desarrollo de las habilidades faciales precede a las habilidades gestuales. Otras pruebas demuestran que la popularidad de un niño es mayor cuando sus habilidades no verbales son mejores. Dicho de otra manera, los niños aprecian más a otro cuando éste es visualmente más expresivo.

En un estudio en el que se observaba a los niños mientras veían películas se observó que realizan más expresiones faciales cuando la ven con un amigo que cuando están solos. Las niñas tienen más expresiones que los niños. Esto significa que, desde una tierna edad, demuestran sus emociones frente a otros y que los niños comienzan a suprimir la exteriorización de sus sentimientos más que las niñas.

el niño dependiente

Un niño que no sociabiliza fácilmente pertenece a uno de los tres tipos siguientes: es un solitario que prefiere su propia compañía a la de otros; es tímido y, aunque quiere ser sociable, no se atreve a interactuar con otros (*véanse* páginas 130-131); es dependiente y no se ve capaz de separarse de su protector adulto, habitualmente su madre.

El miedo a la independencia

El comportamiento del niño dependiente es esencialmente infantil. Es normal que un bebé esté cerca de su madre. Está físicamente indefenso y depende de ella para todo. Pero conforme crece y se vuelve más activo, el placer que le supone su independencia se incrementa cada año. A los 2 años juega con otros niños de su edad, mientras está pendiente de su madre para asegurarse de que permanece cerca. A los 3 años está preparado para jugar con otros niños durante un rato, incluso en ausencia de su madre. A los 4 o 5 puede pasar un tiempo más prolongado lejos de su primer protector, en una guardería o en fiestas con otros niños. Sin embargo, el niño dependiente es más lento para iniciarse en este camino hacia la independencia y muestra dificultades para avanzar más allá de la etapa de los 2 años, donde le resulta difícil perder de vista a su madre.

Es importante comprender que la ansiedad por la separación es perfectamente natural entre los niños muy pequeños. La madre, o el cuidador principal, es la persona más importante en la vida del niño, y resulta comprensible que éste muestre sus sospechas con respecto a cualquier extraño y no quiera ser separado de la única persona en la que él confía plenamente. Su necesidad de explorar y convertirse en un individuo libre se contrapone a este sentimiento. El equilibrio entre ambos conflictos, pegarse a las faldas de su madre o explorar, se desplaza gradualmente, pero para algunos niños ocurre con más lentitud.

Dar el paso

Existen muchas maneras de ayudar a un niño dependiente. Paradójicamente, necesita muchos mimos y abrazos. Cualquier intento por alejarle únicamente incrementará el deseo de quedarse cerca. Cuanto más confiado y seguro se sienta, mejor preparado estará para arriesgarse a explorar el mundo más allá de su madre.

Asimismo, deberá estar seguro de que las separaciones serán breves. Es aconsejable preparar unas separaciones cortas que, tal y como se promete previamente, duran unos cuantos minutos. Una vez que el niño confía en la promesa de que la madre volverá rápidamente, estará listo para una separación un poco más prolongada. Así, poco a poco, se reduce el pánico a quedarse solo. Uno de los problemas para el niño en estos casos es que es capaz de percibir la ansiedad que causa en su madre, ya que a ella le supone un disgusto dejar infeliz a su hijo en una fiesta o grupo de juegos, y le cuesta esconder sus emociones. Por otra parte, alejarse cuando el niño no mira puede provocar un pánico exagerado. Es mejor decir adiós de manera rápida y alegre y explicar que se volverá muy pronto, y marchar sin dilación.

La causa de la ansiedad por la separación

Una de las razones por las que un niño se vuelve dependiente es que no se siente lo bastante seguro en casa. El hijo de una madre que le demuestra su amor abiertamente, que lo elogia, lo abraza y lo refuerza en sus progresos, estará más preparado para explorar el mundo que el hijo de una madre menos expresiva. Una madre más fría y menos afectuosa hace que su hijo se sienta inseguro, y es esta sensación de inseguridad la que hace que el niño tenga miedo de perder lo poco que tiene.

Un niño también puede tornarse dependiente a causa de un acontecimiento puntual desagradable que ocurre durante una de sus primeras salidas. Si ha tenido una mala experiencia (un niño le hace daño o le asusta) en una fiesta o grupo de juegos, por ejemplo, ésta causará con facilidad un serio contratiempo y retrasará la independencia del niño.

el niño tímido

Es fácil malinterpretar la timidez en un niño. Un niño tímido, retraído y más bien callado suele ser considerado antisocial. Como prefiere jugar solo, se asume que no quiere jugar con los demás y que es un solitario. Pero no es el mismo caso si el comportamiento antisocial es resultado de la timidez. Si es tímido, quiere jugar con los otros, pero es reacio a hacerlo. No es un solitario, sino un niño sociable al que, por alguna razón, le resulta muy difícil entablar amistad e interactuar con otros. El auténtico solitario disfruta estando solo, pero el niño tímido no, y es importante distinguir entre ambos.

En casa y fuera

En casa, la timidez no suele ser un problema serio y aflora mucho menos que cuando el niño está lejos de ella. Empieza a detectarse, por ejemplo, cuando el niño acude a una fiesta y allí siente que la idea de participar en la diversión le da miedo, incluso cuando sus padres están presentes. La situación empeora en la guardería, cuando los padres no están.

Una de las características de la timidez es que resulta fuertemente resistente a las críticas de los adultos. Si un padre avergonzado intenta forzar a su hijo tímido a ser más sociable, el resultado suele empeorar la situación e incrementará la sensación de timidez. El niño que es infeliz por su incapacidad de unirse a la fiesta se siente como un inadaptado al que se excluye. Este hecho aumenta la ansiedad, y el acontecimiento social al que asiste quedará marcado en su memoria como algo a evitar a toda costa.

Formar parte de un grupo

Es posible ayudar a cualquier niño enormemente tímido cuando asiste a un grupo de juego por primera vez. Un maestro sensible sabe que no debe forzar o meter prisa al niño, pero le observará con cuidado para ver cómo se comporta conforme transcurre el tiempo. La introducción de juegos no verbales, como lanzar una pelota a otro niño, facilita la participación del tímido con una mínima interacción verbal.

Si uno de los niños del grupo se acerca al tímido y se sienta con él, será posible que entre ambos se establezca una amistad individual, incluso si la interacción con el grupo continúa siendo difícil. Tener ese amigo especial puede ser un primer e importante paso en la socialización. Un maestro observador puede hacer que el niño tímido quede «casualmente» emparejado con este amigo especial en un juego de grupo, y así el amigo especial se convertirá en el puente que conducirá a la total integración con los demás. Si este compañero especial visita al niño tímido en casa, donde pueden jugar juntos y reforzar su vínculo, la lucha contra la timidez será más sencilla.

A menudo los padres se preocupan demasiado por la timidez de su hijo, cuando lo único que necesitan es paciencia y evitar cualquier tipo de acoso o crítica. Si se permite que el niño se tome su tiempo para ajustarse a las actividades sociales, lo conseguirá tarde o temprano. Resulta reconfortante saber que un niño en edad preescolar, tranquilo y pensativo, puede tener mayor éxito en su vida adulta que muchos de los otros miembros bulliciosos y extrovertidos de su grupo de juego. La sociedad adulta está compuesta de todo tipo de individuos, y el niño que antes era tímido puede estar llamado a desempeñar un papel especial que no se adapta a la personalidad de quien era más abierto en su infancia.

Origen de la timidez

Merece la pena preguntarse por qué un niño es tímido. Un estudio llevado a cabo con niños clasificados como tímidos reveló que existían circunstancias especialmente significativas en el ámbito doméstico. Se descubrió que, en casa, los niños tímidos hablaban menos que los niños no tímidos y, curiosamente, los padres de los niños tímidos hablaban menos que los padres de los niños no tímidos y se mostraban generalmente más distantes. Los padres preocupados por la diversión y los juegos, que hablaban mucho con sus hijos e interactuaban con ellos con frecuencia en un ambiente cariñoso y amable, rara vez tenían hijos tímidos.

confianza

Cuando los niños llegan el primer día a un grupo de juego o guardería, algunos de ellos se muestran nerviosos y ansiosos, y otros se sienten emocionados y confiados. ¿Hay algo en el entorno de estos niños que los diferencie? ¿Qué pueden hacer los padres para animar a los niños tímidos a tener más confianza en sí mismos?

Diferencias de nacimiento

Las diferencias de personalidad se encuentran, en parte, determinadas genéticamente. Cualquier padre que tenga varios hijos sabrá que, desde el nacimiento, las diferencias en lo que respecta a la personalidad pueden ser asombrosas. Un niño es extrovertido, vivaz y dispuesto a disfrutar de cualquier cosa que le ofrezca la vida. Otro será reservado y mucho más tranquilo. Y otro será un manojo de nervios cada vez que se rompa su rutina. Incluso si los niños reciben exactamente el mismo tratamiento por parte de unos padres cariñosos, estas diferencias pueden persistir y durar toda la vida. Los padres sensibles, que detectan estas diferencias desde un principio, pueden esforzarse para evitar que los extrovertidos se vuelvan demasiado presuntuosos y potenciar la confianza de los otros.

Exceso de confianza

Un niño con un exceso de confianza tiene una buena opinión de sí mismo, y esta autoestima le lleva muy lejos. Sin embargo, si muestra que es capaz de hacer cualquier cosa mejor que los demás, puede acabar siendo muy poco querido. En la mayoría de los casos, basta con mostrarle que, si se frena un poco, los otros niños se acercarán más a él. Se sentirá herido al castigar su confianza, pero lo entenderá siempre y cuando se le explique con delicadeza que resulta útil tener en cuenta los sentimientos de los otros niños.

Falta de confianza

Es más difícil ayudar a un niño con falta de confianza. Puede haber heredado una personalidad más tranquila, pero una gran parte de su problema radica en la manera en la que ha sido tratado por su familia. Existen muchas maneras en las que la autoestima puede haberse resentido. El problema más común surge de la manera en la que se valora o critica su comportamiento cotidiano. A menudo los niños reciben duras críticas si hacen algo mal y pocos elogios (o ninguno) si hacen algo bien. Este hecho mina rápidamente su autoestima, lo que ocurre con mayor frecuencia de lo que se cree. Por lo general se hace por olvido y no por malicia. Es fácil criticar a un hermano mayor, pero rara vez se le dirige un elogio. Un padre agobiado reprende con rapidez cualquier falta, pero no se toma el tiempo para destacar algo bien hecho. Los regaños deben reservarse únicamente para las ocasiones en las que un niño realmente lo merezca. Incluso entonces, con un niño tímido, debe realizarse de forma tranquila y no estridente.

Algunos padres prefieren parecer infalibles ante los ojos de sus pequeños y se niegan a pedir perdón cuando se han equivocado (suelen inventarse alguna excusa). El niño apreciará mucho más una disculpa sincera cuando se ha cometido una falta.

Un niño introvertido puede avergonzar a un padre en una situación social, en especial allí donde otros niños se muestran felizmente desinhibidos. En estos casos los padres suelen sentir una poderosa tentación por disculparse por el hijo. Si éste escucha las disculpas, la situación empeorará, ya que el pequeño necesita saber que sus padres están orgullosos de él y que comparten sus rasgos positivos con los demás.

Algunos padres responden a la falta de confianza de un niño con un mimo y un cuidado excesivos. Por ejemplo, cuando el niño es capaz de vestirse solo, insisten en ayudarle. Esto le hace sentirse inútil y, si lo hacen en público, puede provocar un sentimiento de vergüenza intenso. Animar al niño a hacer cosas por sí mismo ayuda a potenciar su autoestima.

Todos estos puntos pueden parecer obvios, pero son defectos que ocurren con asombrosa frecuencia. En la mayoría de los casos, con un poco de reflexión adicional, pueden corregirse con facilidad, lo que conseguirá dar un poderoso impulso a la autoestima del niño tranquilo para que asista a su grupo de juego o guardería con la cabeza bien alta.

inteligencia emocional

La inteligencia emocional no tiene nada que ver con el intelecto. En cambio, tiene que ver con la comprensión de las propias emociones y las de los demás, y saber cómo tratarlas. Un niño con un cociente intelectual muy alto no es necesariamente inteligente a nivel emocional. Puede ser capaz de resolver un puzle con facilidad, pero, cuando se trata de hacer amigos, puede carecer de las habilidades sociales necesarias; hay niños que son menos listos y, a pesar de ello, mucho más populares.

Entender a otros niños

Si dos niños nuevos se incorporan a una guardería o grupo de juego, uno de ellos puede hacer amigos con mucha más facilidad que el otro. Lo consigue porque intuitivamente lee las emociones de los demás y sabe quiénes son más propensos a darle una respuesta. El niño al que le cuesta hacer amigos puede ser brillante a nivel intelectual, pero ignora los estados de ánimo y los sentimientos de los otros miembros del grupo y, como resultado de ello, se enfrenta a una mayor resistencia.

Mejorar la inteligencia emocional

De la misma manera en la que se desarrolla en el niño el sentido de sí mismo, lo hace su conocimiento de la relación de los demás hacia él. La conciencia emocional comienza con las emociones primarias, como la felicidad, el miedo, la tristeza, la ira y la sorpresa, seguidas de las emociones secundarias, como el orgullo, la culpa, la vergüenza y la pena. Los niños en edad preescolar no son demasiado jóvenes para desarrollar una auténtica inteligencia emocional. Hay varias formas de educarla. Si alguien está triste, se puede pedir al niño que le anime. Así, puede entender mejor las emociones de los demás. Un juego sencillo consiste en pedir al niño que dibuje caras que muestren distintas emociones: tristeza, enfado, felicidad, sorpresa y miedo. Esto puede encaminar una discusión sobre la manera de saber cómo se sienten las otras personas. Una alternativa consiste en jugar a actuar como si el niño estuviera triste, enfadado, feliz, y así sucesivamente.

Controlar las emociones

Una manera de medir el control emocional es la famosa prueba del malvavisco (dulce esponjoso). En esta prueba se coloca un malvavisco en un plato sobre una mesa. Se indica al niño que se lo puede comer inmediatamente si así lo desea, pero que, si espera a que el adulto vuelva, podrá comerse dos. El adulto abandona entonces la sala. En algunos casos, el niño simplemente coge el dulce y se lo come. Otros niños aguantan unos cuantos minutos antes de comérselo. El resto hace todo lo que puede para distraer sus pensamientos del dulce y, finalmente, cuando el adulto vuelve, obtiene su recompensa.

Este último caso muestra un control del impulso (un control sobre sus emociones) que, en circunstancias más serias, le permitirá hacer frente con eficacia a los conflictos sociales difíciles. Se dice que el comportamiento de un niño de 4 años en esta prueba es un mejor indicador de sus logros en el futuro que cualquier prueba de inteligencia. Esto se debe a que el retraso en la gratificación es uno de los factores más importantes en la manera de tratar nuestras vidas emocionales adultas.

¿A qué edad se desarrolla la decepción emocional? Una pregunta interesante. Algunos investigadores sugieren que incluso los niños de 3 años son capaces de esconder sus emociones o de manipular deliberadamente su expresión para decepcionar a los demás, mientras que otros psicólogos creen que esto ocurre alrededor de los 4 o los 5 años.

Compartir emociones

Por alguna razón, los padres tienden a pensar que los problemas emocionales son parte esencial del mundo adulto y se toman pocas molestias en comentar las emociones con los niños pequeños. A una madre no se le ocurre, en un momento dado, explicarle a su hijo cómo se siente. No obstante, sólo le tomaría unos minutos explicarle a su hijo si ha sucedido algo bueno y está radiante de felicidad. Del mismo modo, si ha tenido un mal día, puede sentarse y explicarle a su hijo lo que le ha disgustado. Cuanto más amplio sea el conocimiento del niño con respecto a los estados de ánimo de los demás, mayor será su capacidad de tratar con sus propios problemas sociales.

empatía y amabilidad

El niño de 2 años es egocéntrico porque apenas ha tenido la capacidad de explorar el mundo que le rodea. Durante los años siguientes, comenzará a pensar más acerca de otras personas y a realizar actos de bondad. Dos son las fuentes principales de esta bondad: por una parte, la necesidad natural de cooperación entre los seres humanos y, por otra, el deseo de imitar el comportamiento de sus padres.

La necesidad innata de cooperar

Mucho se ha hablado en el pasado con respecto a que la humanidad es esencialmente perversa y debe tornarse buena por instrucción e imposición de un código moral. Según la doctrina del pecado original, no hay lugar para la bondad o la cooperación humana innatas. Nacemos como animales salvajes y sólo podemos volvernos buenos con las enseñanzas de la Iglesia. Este punto de vista ha perdurado durante siglos, por lo que un niño pequeño era considerado un manojo de avaricia violenta y egoísta, y únicamente podía domesticarse gracias a las sabias enseñanzas de un adulto.

Nada más lejos de la verdad: los seres humanos no pueden haber evolucionado de esa manera. Cuando nuestros antepasados se convirtieron en cazadores y recolectores no hubieran podido sobrevivir sin un intenso impulso de cooperación mutua. Con el fin de prosperar, el ser humano debía desarrollar ese impulso innato y equilibrarlo con un impulso más antiguo, el de competir con los otros. Sin ese equilibrio entre ayuda y competición, jamás habríamos disfrutado del éxito evolutivo que ha permitido al ser humano conquistar el mundo.

El niño servicial

La necesidad de ser amable y útil a los demás comienza a mostrarse en el niño pequeño alrededor de los 4 o 5 años. A esa edad ya es lo suficientemente inteligente como para saber que si se le asigna una tarea de grupo no la terminará, a menos que coopere. El impulso competitivo aún está presente y puede haber alguna discusión sobre quién estará a cargo del grupo para organizar este sistema de ayuda mutua, pero, una vez que esto quede decidido, el resto de la tarea consiste en asegurar que cada persona cumpla con su parte. Este proceso puede resultar muy divertido; trabajar juntos como equipo crea una intensa sensación de pertenencia y de ser un poco más fuerte como miembro de un grupo que como individuo solitario.

Respaldo paternal

El hecho de que los niños tengan una necesidad innata de cooperación no significa que sean inmunes al ejemplo paternal. Si un niño pequeño es testimonio de actos de gran bondad por parte de su madre o de su padre, quedará influenciado por ellos e intentará emularlos. Por el contrario, si presencia actos de crueldad y egoísmo por parte de sus padres o hermanos mayores, comenzará a dudar de sus propios sentimientos de bondad, lo que generará un conflicto interior que, más adelante, le costará resolver.

La pequeña madre

Una de las formas más desinteresadas de comportamiento humano es la manera en la que una madre se entrega a la crianza de su recién nacido. El cuidado materno es quizá el menos egoísta de los instintos humanos y resulta sorprendente cómo este mismo impulso comienza a mostrarse incluso en una niña pequeña, que puede alimentar cuidadosamente a su muñeca y hablarle en un tono de voz muy suave. Un poco más adelante, si tiene un hermano o una hermana, mostrará el mismo cuidado hacia el nuevo ser. Es cierto, lo hace en parte como imitación a lo que ve en su madre, pero es más que eso. Un niño pequeño es testigo del mismo amor maternal, pero no siente el impulso de imitarlo. Parece ser que la hembra humana está tan intensamente programada para cuidar a sus bebés que el impulso de hacerlo comienza a mostrarse incluso a los 5 años.

En algunos países pobres se ve a «pequeñas madres» que cuidan a los bebés mientras sus padres salen de casa para intentar ganarse la vida. Los rostros llenos de resolución de estas «pequeñas madres» con un bebé apoyado en sus caderas mientras esperan a que su padre o su madre vuelvan con un poco de comida son un testimonio desgarrador de la bondad y el amoroso cuidado de los que es capaz el ser humano.

primeras amistades

Los niños de 2 años todavía no son capaces de entablar amistades de forma activa. Esto ocurre a partir de los 2,5 años, como edad precoz, aunque normalmente no es hasta los 3 años cuando los niños empiezan a encontrar afinidad con otros para crear una amistad.

Hacer amigos

Uno de los problemas a los que se enfrenta el que quiere hacer amigos es la falta de conocimiento que tiene sobre a las relaciones de amistad y sus matices y sutilezas: o bien abruma al otro niño con demasiada atención o le deja indiferente a falta de ella. Alcanzar el equilibrio adecuado es algo que debe aprenderse gradualmente, por ensayo y error.

La ayuda de los padres a este respecto no suele funcionar demasiado bien. Si un niño es de naturaleza vivaz y el otro es más bien tranquilo, será difícil que ambos establezcan una relación equilibrada. Si un padre intenta animar a un niño a ser más tranquilo o más animado para facilitar el equilibrio, estará pidiendo al niño pequeño que modifique su personalidad natural de una manera que no puede perdurar. Es mejor que cada niño busque a otros que tengan un nivel de energía similar así como intereses comunes.

Esta necesidad de equilibrio fue confirmada por un estudio con niños ligeramente mayores, con edades comprendidas entre los 3 y los 5 años. La mayoría de ellos tenía un amigo especial. Al analizar el comportamiento de amigos mutuos quedó patente que cada pareja tenía niveles similares de asertividad y de habilidad para mantener una amistad. En otras palabras, incluso desde la infancia buscamos a quienes se parecen a nosotros.

Equivocarse

Hay mucho que aprender sobre entablar amistades que perduren. Los padres ayudan al enseñar frases de cortesía que ellos dan por supuesto, como decir «hola» y «adiós», «gracias» y «por favor». También deben tener cuidado de no ser demasiado agresivos al iniciar una relación. Empujar, apartar y pegar puede que parezca divertido o una manera aceptable de resolver diferencias, pero las amistades pueden fallar rápidamente si estas acciones se vuelven habituales.

Resulta importante reconocer dos tipos de agresión entre amigos pequeños, en especial entre los niños. Si un niño con un semblante serio y el ceño fruncido pega a otro, el golpe puede ser poco importante, pero es serio y considerado como tal por parte de la víctima. Por otro lado, es posible que se produzcan acciones violentas durante el juego físico, que parecen graves a ojos de los extraños, pero si los participantes se ríen mientras pelean, ambos reconocen que la agresión no es real, sino parte del juego. Incluso a esta temprana edad, el niño utiliza la sonrisa como señal de distensión.

Existen tres tipos comunes de agresión que producen distanciamientos entre amigos a estas edades: arrebatar, el insulto directo y el insulto indirecto. Al arrebatar, un niño quita un juguete a otro por la fuerza. El insulto directo suele tomar la forma de criticar la manera en que el amigo realiza una tarea, dando a entender que quien habla lo puede hacer mejor. El insulto indirecto es el chismorreo hostil, en el que se lanzan aseveraciones desagradables sobre un amigo a sus espaldas. Un niño pequeño puede no sentir que realiza algo horrible con estas acciones o palabras, y a menudo no entiende por qué su compañero reacciona de una manera determinada. El impulso del niño en edad preescolar por hacer amigos precede a cualquier delicadeza en el manejo de las amistades. Necesita toda la ayuda que puedan proporcionarle sus padres, quienes con la mayor suavidad posible deben educar al niño en las sutilezas de la conducta que son más atractivas y atrayentes a los demás.

compartir y turnarse

Los padres quieren que sus hijos sean buenos y generosos y que comprendan los conceptos de compartir y esperar su turno, por lo que a menudo se desaniman con la ausencia de estas ideas en el mundo de los niños de 2 años. Se requiere paciencia, porque aún deben transcurrir dos años más antes de que el niño aprecie en su totalidad los puntos de vista y los sentimientos de sus compañeros. Sólo entonces estará preparado para comenzar a compartir y dispuesto a esperar su turno como algo rutinario.

Juguetes personales

Los padres que intentan forzar al niño preescolar para que sea generoso probablemente logren el efecto contrario. Si un niño se ve obligado a compartir sus preciosos juguetes favoritos con otros, es posible que por desesperación se torne más egoísta. Siente que sus pertenencias no son suyas y se ve en la necesidad de defenderlas contra lo que ahora percibe como un mundo adulto hostil. Sus padres son dueños de una casa, de un coche, muebles y demás, mientras que él sólo tiene unos juguetes. Son sus únicas propiedades y disfruta de su posesión como símbolo de que controla al menos unas cuantas cosas de su entorno. Si un niño que viene de visita puede jugar con sus juguetes y rompe uno, siente que su «territorio privado» está amenazado y reacciona de manera negativa. De forma similar, si un progenitor desconsiderado tira uno de sus juguetes viejos sin consultarle, siente de nuevo que su pequeña «base de poder» ha sido atacada injustamente.

La solución al problema pasa por que cada niño tenga sus propios juguetes, con los que sólo él puede jugar, que se guardarán en una caja o lugar especial cuando no se utilicen. Sólo él ejerce el control sobre esos objetos. Además, deberá haber otros juguetes comunitarios, que reconocerá como tales, es decir, no son de su propiedad, y que sus hermanos u otros niños pueden utilizar si vienen de visita. Con estas dos categorías de juego el niño entenderá que algunas cosas en la vida son privadas y otras para compartir. Al ver reconocida su propiedad exclusiva en cuanto a sus juguetes personales, estará más dispuesto a compartir.

Compartir en el grupo de juego

Algunos grupos de juego/guarderías siguen un patrón similar. Si un niño lleva un juguete favorito de casa (a menudo para conferirle una cierta sensación de seguridad por tener un objeto familiar cerca), sus cuidadores le proporcionan un lugar especial para guardarlo y dejan claro que no es para compartir. Los juguetes y otros enseres proporcionados por la guardería son de uso común. Si se presenta una disputa sobre el uso de un coche de pedales o por el columpio, se prepara una lista de espera y al primer niño de la lista se le dice que puede jugar con ese juguete todo el tiempo que quiera. Cuando ha terminado, es el turno del siguiente nombre de la lista, y así hasta el final. Se trata de la primera experiencia del niño con respecto al principio de compartir y esperar su turno. Se inicia una tendencia que llevará al niño a ofrecer con espontaneidad un juguete a otro niño. Una vez que ha dado este paso tan importante, sólo es cuestión de tiempo antes de que el otro niño, en reciprocidad, le ofrezca un juguete a cambio. Ha entrado en escena el concepto de intercambio o trueque; poco a poco, el mundo del niño en edad preescolar se convierte en el lugar en el que la ayuda mutua y la amabilidad empiezan a desempeñar un papel importante.

Los padres que reconocen el derecho de un niño en edad preescolar a tener sus propiedades personales, sobre las que solamente él ejerce el control, han visto que más adelante en la vida su hijo ha compartido con más generosidad que los descendientes de padres que han ignorado este principio.

hacia la cooperación

En comparación con los niños de dos años (*véanse* páginas 120-121), a los 3 años un niño muestra un destacado cambio en su comportamiento social. Los actos acompañados de agresividad ocurren con menos frecuencia. Se vuelve más amable hacia sus compañeros y coopera con mayor asiduidad. Esta tendencia continúa durante el resto de la vida, al menos en un 95 por ciento de la población. El otro 5 por ciento mantiene los impulsos antisociales del niño de 2 años y se convierten en un peligro potencial para la sociedad.

¿Cuán importante es la enseñanza?

Existen dos puntos de vista para explicar porqué los seres humanos son, con la edad, cada vez más amables. Según la escuela ambiental, este cambio se debe únicamente a las enseñanzas tempranas. Creen que los seres humanos nacen violentos y que los bebés serían incluso más violentos que los niños de 2 años si tuvieran las condiciones musculares para ello. Afirman que el punto más álgido de violencia, a los 2 años, ocurre porque, por primera vez en su vida, tienen la habilidad muscular de dar patadas, morder, pegar, empujar y golpear. Minimizar esa violencia conforme se crece se debe por entero a las cuidadosas enseñanzas por parte de los adultos, que le demuestran las ventajas de compartir y cooperar.

Otros se niegan a aceptar que la enseñanza es la única razón por la que somos cada vez más amables y menos violentos conforme progresamos de los 2 a los 5 años. Según este punto de vista, el descenso de la violencia es una tendencia genéticamente programada por la cual el niño pequeño es cada vez más susceptible de aprender las reglas sociales. Este incremento

en susceptibilidad no es el resultado de las enseñanzas, sino una parte esencial de la naturaleza humana.

Se argumenta que la especie humana, a fin de sobrevivir en tiempos primitivos, tuvo que incrementar su comportamiento cooperativo al dedicarse a la caza como modo de vida. Para tener éxito en la caza, los hombres de la tribu humana debían cooperar activamente entre ellos. Y, debido a la división del trabajo entre los sexos, los hombres y las mujeres también debían cooperar entre sí. Esto suponía que las antiguas tendencias agresivas debían domesticarse en el transcurso de la evolución para sobrevivir como especie. Esta «doma» es cada vez más necesaria, ya que los niños alcanzarían una etapa en la que tendrían la fuerza muscular para hacer daño de verdad. El ser humano de 2 años es demasiado débil para infligir un gran daño; pasada esta edad, se reduce la necesidad del proceso de «domesticación».

El papel de la guardería

Hay mucho que decir en cuanto al entorno que ofrecen las guarderías, en el cual se anima al niño a absorber las habilidades sociales de interacción con otros y no a concentrarse con tanta rapidez en el progreso académico. En ese entorno, los pequeños no perfeccionan sus habilidades académicas, pero con toda seguridad mejorarán su vida emocional y se tornarán mucho más sociables para estar preparados para la escolarización.

Existe cierta evidencia que apoya la idea de que una guardería que permite al niño divertirse y jugar le equipa mejor para el futuro que los grupos de juego más académicos. Se dice que un niño que forma parte de un grupo lúdico será capaz de ponerse académicamente al día con un grupo más centrado en temas académicos cuando ambos alcancen la siguiente etapa educativa, mientras que un niño de un grupo académico nunca conseguirá ponerse al día social o emocionalmente. En otras palabras, la fase preescolar está destinada evolutivamente para madurar las habilidades sociales y debería dárseles prioridad, ya que las habilidades académicas se adquieren más tarde, durante la escolarización formal.

el juego sociodramático

Se trata de un juego complejo de representación de roles que implica la interpretación de escenas o eventos sociales con otros. Requiere que el niño adopte un papel ficticio y actúe según el mismo. Al pretender ser otra persona, el niño debe adaptarse al guión que ha ideado para sí mismo. No puede decidir dejar de ser ese personaje y volver a ser él mismo, ya que estropearía la ilusión generada por el juego. Esto significa que el juego sociodramático es una manera importante de aprender a controlarse sin que ese control haya sido impuesto por un adulto.

Origen del juego dramático

Un niño copia sus juegos teatrales de lo que observa en el mundo adulto que le rodea. Por ejemplo, un niño de 5 años decide inventar un juego en el cual él es médico y sus animales de juguete, amigos o hermanos, son sus pacientes. Es posible que haya visitado a un pariente en el hospital, visto una película sobre médicos en televisión o que simplemente haya percibido el ambiente doméstico cuando su hermano pequeño estuvo enfermo y el médico de familia le visitó en casa. Al utilizar esta idea como base para su propia historia, se dedica a crear un hospital o enfermería y, con su propia imaginación, recrea el hecho de curar a los enfermos, atender a los heridos, hablar con ellos junto a sus camas y utilizar accesorios para hacer sus rondas.

Uno de los casos más extraños de juego sociodramático fue el de dos hermanas que simulaban ser dos hermanas imaginarias e ideales. En la vida real a veces discutían, en ocasiones se ignoraban y otras eran muy amigas. En otras palabras, su comportamiento natural era tan variado y espontáneo como el de cualquier otra pareja de hermanas. Sin embargo, cuando jugaban a ser hermanas ideales, su comportamiento era mucho más controlado. Entonces se comportaban de la manera más parecida posible, incluso se ponían la misma ropa y hablaban con el mismo tono de voz. Durante el juego siempre se querían mucho y se veían a sí mismas como una pareja muy especial, e incluso superior a cualquier otra persona. Como hermanas reales, enfrentaban la vida como venía, pero, cuando eran hermanas ideales, se imponían una serie de reglas de conducta y, con un esfuerzo mental considerable, se obligaban a sí mismas a seguir estas condiciones autoimpuestas de la manera más estricta posible.

Reglas autoimpuestas

Cuantos más juegos de este tipo se invente un niño, mejor comprenderá las cualidades del autocontrol y la autodisciplina, que le serán sumamente útiles cuando sea mayor y deba asistir a reuniones sociales, donde deberá controlarse e inhibir sus impulsos repentinos y naturales. En la escuela, a veces los profesores se sorprenden del grado en el que un niño muy joven sigue las reglas en el escenario cuando participa en una obra teatral; los juegos sociodramáticos tempranos están relacionados con este hecho.

Por una parte, el atractivo de los primeros sociodramas es que las reglas las impone el mismo jugador y pueden diseñarse según sus propias fantasías; por otra, a diferencia de los juegos formales, estos dramas inventados se inician y se detienen a voluntad, siempre que el jugador lo desee. Existe un «tiempo de juego» mientras éste se desarrolla, y un «tiempo de pausa», cuando el juego debe detenerse para atender algún tipo de necesidad (como ir al lavabo o tomar un tentempié), por la interrupción de un adulto o, simplemente, porque el niño se ha cansado del juego.

Esta capacidad de regular la duración del juego, de iniciarlo y detenerlo, e iniciarlo de nuevo a voluntad, es la diferencia fundamental entre los juegos dramáticos informales de la primera infancia y los juegos formales de finales de esa misma etapa. Una vez que el niño pequeño forma parte de un equipo de fútbol u otro deporte, debe estar preparado para aceptar el veredicto de un árbitro, y no su propio cambio de humor, que le llevaría a interrumpir el juego. Si ha experimentado una vida preescolar plena con sus propios juegos sociodramáticos, le parecerá que las versiones adultas son mucho más fáciles de aceptar y disfrutar.

jugar según las reglas

Durante el transcurso del juego, los niños comienzan a introducir reglas que les conducen a disfrutar de los juegos estructurados con un patrón fijo. Al principio las reglas son tan simples que resultan fáciles de recordar. Con las sillas musicales, por ejemplo, sólo hay dos reglas: muévete alrededor de las sillas mientras suena la música y siéntate cuando ésta se detenga. Retirar una silla en cada ronda no es una regla, sino algo que hacen los adultos. Antes de cumplir 6 años, jugar según las reglas rara vez va más allá de los juegos con este nivel de simplicidad.

Romper las reglas

El niño en edad preescolar disfruta al obedecer una regla muy simple, como dejarse caer en el momento adecuado siguiendo una canción infantil. Las reglas complejas no suelen ser comunes o populares antes de la escolarización formal. Un juego con reglas rígidas impuestas por los adultos puede comenzar bien, pero la alegría desbordante del niño preescolar se rebela con rapidez contra ellas e introduce variantes de su propia invención en un juego que se supone no debe modificarse sobre la marcha. Un padre relata la manera en la que enseñó a un niño muy pequeño a jugar a damas. Todo fue bien hasta que, aburrido por la monotonía de los movimientos y la rigidez de las reglas, el pequeño cogió una de las piezas, la elevó en el aire, gritó ¡superdama! y la lanzó sobre el tablero, lo que provocó que todas las piezas restantes salieran disparadas. Su idea de combinar el concepto de un superhéroe con un juego como las damas revela cómo al cerebro espontáneamente inventivo del preescolar le molesta tener que ajustarse a un orden repetitivo.

Las reglas del juego

El conflicto entre jugar según las reglas y romperlas es la esencia de la inventiva adulta. El hombre que inventó la hoja de afeitar fue capaz de gritar ¡superhoja! y eliminar todas las navajas de afeitar antiguas. Más adelante, el hombre que inventó la maquinilla de afeitar eléctrica fue capaz de gritar nuevamente ¡superhoja! y arramblar con todas las cuchillas de afeitar. En el juego del niño en edad preescolar es posible observar esta progresión, ya que cada nuevo patrón de juego se sustituye por algo nuevo. El cerebro disfruta de manera repetida, en primer lugar por descubrir una nueva regla; en segundo lugar, por mejorar el comportamiento entre los límites de la regla y, finalmente, por romper la regla e introducir una nueva.

Lo que observamos en el desarrollo del juego de los niños pequeños es, a menudo, una repetición de lo que ha ocurrido en la vida adulta. Por ejemplo, el niño pequeño disfruta al jugar con una pelota porque la recompensa es magnífica. Es decir, con una pequeña acción puede moverla una gran distancia. El primer encuentro con una pelota es más bien desconcertante, porque se mueve de una manera inesperada. El niño la lanza y la golpea de manera más o menos aleatoria y, gradualmente, aprende a controlar sus movimientos. Pronto el niño golpea, lanza o atrapa la pelota de un modo organizado para inventar juegos sencillos. Más adelante añade dianas (porterías o cestas en las que debe lanzar, patear o introducir la pelota). Poco a poco inicia un juego que implica a más jugadores y, aunque las reglas son aún bastante vagas, se volverán más rígidas con el transcurso del tiempo. Finalmente se añade un árbitro para asegurar que siempre se sigan las reglas y así se llega al juego formal. Es como la repetición de la historia del fútbol, en la que el desordenado y violento juego callejero de hace siglos se convirtió en el juego formal en un campo especial. De ése han derivado todos los juegos adultos actuales, como el fútbol, el rugby, el fútbol americano y demás. Todos estos comenzaron, en su origen, como un simple patrón de juego entre niños de 2 años que descubrieron que un objeto esférico que se golpea tiene un enorme potencial de movimientos.

el aburrimiento

Existen dos tipos de tensión que causan problemas al niño en edad preescolar. El primero es la estimulación excesiva, con la cual el mundo del niño queda, de alguna manera, sobrecargado. El motivo puede ser un incidente violento de algún tipo (una desgracia familiar) o una sobredosis de estímulos novedosos que colapsa la capacidad asimilativa del niño. El segundo tipo de tensión es precisamente lo contrario, y lo produce la infraestimulación severa. El aburrimiento provocado por la falta de estimulación puede ser igual de nocivo para el pequeño como el caos de un exceso de la misma.

La necesidad de lo novedoso

Entre los 2 y los 5 años existe una necesidad creciente de novedades en la vida cotidiana. La curiosidad del pequeño y su necesidad por explorar su emocionante mundo son más intensas cada día. Conforme su cuerpo crece y madura su cerebro tiene cada vez más deseos de investigar cualquier hecho u objeto que se cruza en su camino. Es cierto, debe realizarlo desde una base segura, desde un entorno familiar, pero en ese ámbito de seguridad existe una fuerte necesidad de probar algo que nunca ha hecho previamente. Esta curiosidad innata caracteriza a nuestra especie y es la que nos ha llevado de vivir en pequeñas tribus en chozas de barro a formar las enormes civilizaciones que habitan en grandes ciudades. Además, esa curiosidad comienza muy temprano, tan pronto como el niño tiene la fuerza muscular para ponerla en práctica. Pero ¿qué ocurre si al niño no se le ofrece la oportunidad de expresar este impulso tan básico?

El entorno estéril

Para la mayoría de los padres, ayudar a un niño a satisfacer su curiosidad es una de las grandes alegrías de formar una familia. Sin embargo, les supone un gran consumo de tiempo y energía, y algunos adultos no pueden enfrentarse a ello. Si, por cualquier razón, se encuentran en un estado de crisis o tristeza, les quedará poca energía para los niños. Serán capaces de satisfacer las necesidades básicas de supervivencia de sus hijos (alimento, abrigo, un sueño tranquilo), pero cuando llega el momento del juego creativo, simplemente no se les puede molestar. Pueden proporcionarles juguetes, pero pronto pierden su atractivo y el niño debe divertirse en un entorno estéril, monótono y poco estimulante. En estos casos, se produce el aburrimiento. Si esta condición perdura, puede causar un serio retraso en el desarrollo intelectual del niño y en su crecimiento emocional.

La reacción al aburrimiento

Los niños reaccionan de varias maneras a los períodos prolongados de aburrimiento. Algunos se rinden, se retraen y se desaniman. Pueden intentar inventarse una fantasía y soñar despiertos para ocupar sus mentes, pero finalmente se cansan de esta estrategia. Algunos niños se vuelven hostiles y destructivos, e intentan introducir novedad en un entorno aburrido a través del daño físico. Otros intentan atraer la atención mediante el ruido y, para romper la monotonía, resultan difíciles de tratar. Para ellos puede ser la única manera de atraer la atención de los padres. La atención puede conllevar una reprimenda, pero incluso eso es mejor que nada. Todas estas respuestas demuestran que el cerebro del niño en edad preescolar aborrece el vacío y hará cualquier cosa para evitar los períodos de aburrimiento agudo.

Evitar el aburrimiento

Resulta muy simple romper el aburrimiento. Sólo es necesario proporcionar un entorno lleno de juegos y juguetes emocionantes y alguien con quien disfrutar de ellos. Resulta fácil decirlo, pero un padre ocupado a veces no tiene ni tiempo ni energía, con lo que la necesidad de interacción del niño queda desatendida. Si se trata de un problema ocasional, el niño tendrá la suficiente capacidad de recuperación y compensará el tiempo perdido más adelante. No obstante, el aburrimiento intenso y prolongado en un niño en edad preescolar puede causar daños a largo plazo.

relaciones familiares

Existen varios escenarios familiares distintos: la gran familia extensa; la familia nuclear; la familia monoparental; la familia mixta con una combinación de hijastros y posiblemente medio hermanos y medio hermanas, por nombrar algunas de las que puede llegar a conocer un niño en edad preescolar. El niño más afortunado es aquel que tiene una madre y un padre cariñosos y que se quieren. El hogar en el cual ambos padres quieren al niño pero no se entienden entre ellos es otra variante. Este hecho puede ir más allá, cuando los padres se separan y dejan al niño en edad preescolar como en una familia monoparental. Una versión ligeramente distinta se produce con el fallecimiento de uno de los progenitores.

Otro escenario es aquel en el cual un niño es criado por una mujer que, después de la concepción, elige quedarse sola. Uno más reciente presenta a un niño criado por dos mujeres o dos hombres que viven en pareja. Y, finalmente, existe la tragedia del niño que pierde a ambos padres y debe criarse en un orfanato o con padres adoptivos. ¿Cómo afectan estos escenarios al desarrollo del niño?

Modelos de rol

Para un niño en edad preescolar, los adultos que lo alimentan, protegen, juegan con él y educan son de crucial importancia. Puede contar con una serie de ayudas innatas que le ayuden a desarrollarse con éxito como ser humano, pero, sin la ayuda y el consejo de los adultos, no sobrevivirá. Los niños pequeños que crecen en pequeñas sociedades tribales se benefician de la atención cercana de sus madres, de las sesiones de juego con sus padres, de un constante contacto con otros niños pequeños y de los tíos y abuelos mayores que siempre están presentes para darles apoyo. Los extraños suelen estar totalmente ausentes.

Esa antigua forma de vida es muy distinta de la moderna situación urbana en la que cada familia vive alejada de los demás, en casas o apartamentos separados en pueblos y ciudades habitados por miles de extraños. Dentro de cada uno de estos hogares modernos, un niño debe crecer y desarrollarse sin muchos de los beneficios sociales de la antigua sociedad tribal. Las familias extensas han decrecido de forma espectacular, y los tíos, tías y abuelos a menudo viven muy lejos. Además, las familias monoparentales son mucho más comunes. ¿Cómo afecta este hecho al niño en desarrollo?

El cuidador primario

Los estudios han demostrado que el factor más importante en la vida de un niño en edad preescolar es contar con un cuidador primario cariñoso. Parece que los niños humanos están programados para desarrollar un vínculo intenso con sólo un adulto: la figura materna. En casi todos los casos, la figura materna es también la madre biológica, pero en los pocos casos en los que la madre ha fallecido o no está disponible por alguna razón, otra figura puede ocupar su lugar. Lo que aparentemente causa confusión es la existencia de varias figuras maternas y que ninguna de ellas asuma el papel claro de cuidador dominante. El cerebro del niño parece tener un mecanismo de prioridades que necesita a un adulto como figura principal y a los demás en roles de apoyo.

En la familia tradicional, el padre es la segunda figura más importante. En ocasiones, la familia contemporánea puede estar compuesta por una madre trabajadora y un padre que se queda en casa. En estos casos, la prueba suprema consiste en ver a qué adulto acude el niño cuando requiere un abrazo de consuelo en momentos de tristeza.

La calidad del cuidado

Dadas las distintas permutaciones familiares, ¿cuál es la mejor disposición para que se desarrolle el niño en edad preescolar? La respuesta es sencilla. Dadas las dos condiciones siguientes, cualquier disposición puede funcionar bien: durante los primeros 5 años de vida, un niño debe tener un cuidador primario y el niño debe ser capaz de disfrutar de mucho tiempo de calidad con su cuidador. Un tiempo de calidad no sólo es tiempo de cariño (aunque éste también es esencial), sino pasar ese tiempo en interacción, con juegos, aprendiendo cosas juntos, explorando juntos y hablando. Siempre y cuando el niño tenga ese tipo de relación familiar, todo debería ir bien.

los hermanos y la rivalidad

Las fotografías de familia raramente muestran toda la verdad. Un grupo con caras sonrientes, madre, padre e hijos, sólo muestra una verdad parcial. Sí, todos pueden ser felices juntos, pero existen muchos otros momentos en los cuales los hermanos y las hermanas están en pie de guerra. La rivalidad entre hermanos es un factor real de la vida familiar e, incluso con los mejores padres, no puede evitarse. Afortunadamente, las riñas y las disputas suelen ser de poca duración y la paz vuelve pronto al hogar (al menos temporalmente).

La rivalidad entre hermanos es parte de la dinámica habitual en una familia, ya que cada niño compite por la atención de sus padres y por establecerse como individuo. El orden de nacimiento afecta a las relaciones entre hermanos (*véanse* páginas 22-23), y sus padres, y un niño puede sentirse celoso de la llegada de un nuevo hermano incluso a los 18 meses. Las diferencias de edad entre los niños influyen sus respuestas y comportamiento, y la rivalidad puede perdurar durante toda la infancia.

¿Cuál es la causa de la rivalidad?

Existen dos tipos de disputa entre hermanos. La primera se produce cuando, por ejemplo, un niño de 2 años no entiende la necesidad de compartir algo con uno de 4. Este último, que acaba de aprender las reglas de compartir y turnarse, se indigna cuando se da cuenta de que éstas no se aplican con su hermano de 2 años. Si él quiere un juguete, simplemente lo coge. No entiende la necesidad de permitir al niño mayor jugar también con él.

El segundo tipo de disputa se refiere a la rivalidad por la atención de los padres. Si dos niños pequeños quieren jugar con su madre o su padre, el progenitor debe realizar un cuidadoso acto de equilibrio, asegurándose de que cada niño sienta que ha disfrutado del mismo tiempo de cariño. Esto no resulta fácil para los padres, sobre todo si tienen una gran familia de niños pequeños. Si tres niños han pintado unos dibujos, a menudo enseñan los trabajos terminados y quieren saber cuál es el mejor. Se trata de un terreno peligroso para el progenitor incauto. Si dice la verdad, concretamente que uno de los dibujos es mejor que los otros dos, uno de los niños estará contento y los otros dos sentirán que no los quieren. Si el progenitor dice que todos son buenos, los niños se sentirán defraudados porque cada uno de ellos pensará que lo dice porque su dibujo en particular era tan malo que era necesario mentir para agradar a todos. Los niños,

incluso los más pequeños, son totalmente conscientes de las mentiras diplomáticas de los padres. Los progenitores acaban por aprender trucos especiales, como sugerir que los tres dibujos deben ponerse juntos en una pared y los visitantes pueden votar el que les gusta más. Las tácticas dilatorias de este tipo suelen hacer que todo el concurso se olvide.

Un tercer tipo de rivalidad entre hermanos es más bien desagradable y no siempre fácil de detectar o tratar. En una familia grande, uno de los niños puede desarrollar una aversión continuada hacia otro. Puede entonces comenzar una campaña secreta en la que uno de los hijos molesta a otro, habitualmente más pequeño. Si los padres no están cerca, este niño interviene con malicia en el juego del hermano pequeño. Cuando éste comienza a gritar, el culpable no está a la vista. Descubrir este tipo de rivalidad y hacerle frente no es difícil para un padre, pero requiere tiempo y esfuerzo, y debe tratarse con gran sensibilidad.

A largo plazo, muchos de los problemas entre hermanos se solucionan por sí mismos; de hecho, se desarrollan auténticos vínculos de apego entre hermano y hermana y, sobre todo, entre dos hermanas. Los vínculos entre hermanos (varones) son menos comunes.

Los problemas que debe afrontar una familia pueden contribuir a crear una mentalidad que defiende «la fuerza de la sangre»: un hermano defiende al otro de las interferencias externas. Un viejo dicho árabe reza: «Estoy en contra de mi hermano; mi hermano y yo estamos en contra de mi primo; mi hermano, mi primo y yo estamos contra el extraño».

humor y risa

El humor se basa en dar o recibir una impresión inocua. Para ser divertido, alguien debe romper una regla, pero de tal manera que nos sintamos completamente seguros. Si una madre se esconde tras un cojín, lo baja y dice «bú», el pequeño balbuceará risueño. Si un extraño hace lo mismo, el niño gritará de miedo. En ambos casos, este «bú» repentino causa un susto, pero cuando ve a un adulto del que se fía plenamente, sabe que el susto es seguro y realiza esa versión curiosamente segmentada de grito que denominamos risa.

La función del humor

Si un niño pequeño juega a ocultarse y a aparecer de improviso frente a un adulto que pretende estar asustado, el niño reirá a carcajadas. Después, si se invierten los roles y el progenitor se oculta y aparece de improviso frente al niño, éste simulará estar asustado de la misma manera. Nuevamente, aparecerá la risa. Estos sustos seguros pueden repetirse muchas veces antes de que el niño se canse del juego. Cuando lo haga, se sentirá feliz y relajado, porque la risa prolongada libera sustancias químicas hacia el torrente sanguíneo que proporcionan una sensación de bienestar.

Los estudios han demostrado que cuanto mayor es el humor en la vida de un niño menor será el número de cambios de humor que experimentará. Estará por lo general menos ansioso y menos tenso durante las actividades cotidianas ordinarias. Además, su relación con los que le rodean será más amable y sus interacciones sociales con los demás, menos agresivas. Por este motivo se concibe el humor como un «lubricante social».

Tipos de humor

Existen tres tipos de humor:

Humor receptivo: cuando alguien hace reír al niño.

Humor productivo: cuando el niño inicia la diversión y hace reír a otro.

Humor agresivo: cuando el niño se ríe de alguien o cuando alguien se ríe del niño. El acoso en un grupo de juego puede incluir burlarse de alguien, aunque este desagradable tipo de humor suele ocurrir más adelante, en el patio de juego de la escuela más que en la guardería.

Entre los niños en edad preescolar, el humor aparece más a menudo en juegos vigorosos que incluyen actividades como la persecución, el escondite, pillar y luchar; en momentos de triunfo, cuando el niño se ríe por haber superado una tarea difícil o al ganar una competición, y cuando ocurre algo incongruente e inesperado. Un adulto que aparece de repente con una máscara divertida o un sombrero ridículo puede hacer reír al niño simplemente porque la acción rompe una de las reglas sociales que el niño acaba de comenzar a aprender.

Asimismo, se produce otro tipo de humor cuando ocurre algo inusual: cuanto más improbable sea, más divertido será. Si un niño juega solo, por ejemplo, en la construcción de una torre de bloques y ésta se cae de manera que uno de los bloques aterriza sobre la cabeza del perro que duerme, la pura improbabilidad de la acción hace que el niño se ría estrepitosamente, incluso estando solo. Si, por otra parte, está en compañía de algún amigo, la risa será todavía más estridente, y, si todos le siguen, la risa se incrementará aún más. En el humor existe un poderoso factor social, lo que lo convierte en una actividad contagiosa que ayuda a sincronizar el humor de un grupo pequeño y consigue hacer que sus integrantes se sientan cercanos. Por este motivo, la risa social en las guarderías o en grupos de juego es una fuerza importante para mejorar las relaciones.

Bromas

Las bromas verbales son populares entre los niños de 3 años, cuando empiezan a desarrollarse sus habilidades lingüísticas. Les parece divertido decir «hola, mami» a su padre u «hola, gatito» al perro. El humor visual también es común, y en este aspecto un niño puede añadir una cola y bigotes al dibujo de un ser humano. Para el niño en edad escolar, sin embargo, existen varios tipos de humor que aún no entiende, como el sarcasmo o la ironía y los chistes. Cuando intenta contar un chiste, imitando a un niño mayor, suele terminarlo mal. Estos tipos de humor se desarrollan en los años escolares.

trauma y ansiedad

Los especialistas dedicados a estudiar los traumas infantiles reconocen cinco tipos de trastornos por ansiedad: trastorno de ansiedad generalizada, trastorno obsesivo compulsivo, ataques de pánico (crisis de ansiedad), trastorno por estrés postraumático y trastorno de ansiedad por separación.

Trastorno de ansiedad generalizada

Incluso a esta edad tan temprana, un niño puede llegar a preocuparse o inquietarse por todo. En lugar de emocionarse por la posibilidad de realizar nuevas actividades y disfrutar de nuevas experiencias, siente que existen riesgos y peligros ocultos en ellas. No tiene fobias específicas, sino más bien una sensación general de que todo lo que va a ocurrir es potencialmente dañino.

Este estado mental puede inhibir seriamente la curiosidad de un niño y su impulso natural por investigar el mundo que le rodea. En algunos casos, este trastorno puede tener su origen en el impacto no intencionado de un progenitor ansioso. Si un niño siente que su madre, a pesar de ser comprensiva, sufre de nerviosismo y preocupación prolongados e intensos, su cerebro le dice que esa situación debe estar justificada, ya que confía totalmente en ella. De este modo, desarrolla una ansiedad comprensiva, incluso si él mismo no tiene motivo de preocupación.

Desafortunadamente, los niños son tan sensibles a los estados emocionales de sus padres que resulta muy difícil para los adultos ocultar sus sentimientos, sin importar lo mucho que lo intenten. Esto es cierto incluso cuando son bebés, donde el ejemplo clásico es el de la madre nerviosa que no es capaz de detener el llanto de su bebé; cuando le da el niño a una abuela tranquila, ésta consigue restaurar la calma en cuestión de minutos.

Trastorno obsesivo compulsivo

Una obsesión es una idea fija o recurrente que condiciona una determinada actitud. Así, se produce una perturbación anímica producida por esa idea, que no se puede olvidar. Una compulsión es una inclinación, pasión vehemente o contumaz por algo o alguien, producidas por esa obsesión. Un niño que sufre este trastorno interrumpe su concentración de forma repetida: su mente le lleva siempre hacia esta preocupación indeseada. Incluso puede presentar trastornos del sueño, ya que se despierta por la noche para volver a preocuparse por esa obsesión.

Ataques de pánico (crisis de ansiedad)

Los ataques de pánico suponen una pérdida repentina del control normal en una situación social. Incluso las funciones corporales más básicas dejan de funcionar de la manera habitual. Los síntomas se inician bruscamente, entre ellos dificultad respiratoria, elevación de la frecuencia cardíaca, sudoración, temblores o sacudidas, sensación de ahogo, inestabilidad y mareo, entre otros. Estos ataques de pánico suelen ocurrir cuando se percibe una situación social amenazante, algo que el niño intuye, inconscientemente, como incapaz de afrontar. Una vez que ha sufrido un ataque de este tipo, se añade el miedo de sufrir otro, lo cual complica el problema; el resultado es que el niño se vuelve cada vez más antisocial al tratar de evitarlos.

Trastorno por estrés postraumático

Los niños entre los 2 y los 5 años que experimentan una experiencia terrible o una gran tragedia familiar pueden tener dificultades para aceptar lo que ha sucedido. «¿Cuándo volverá mamá?» es una de las preguntas más difíciles de responder. Algunos niños desarrollan una insensibilidad emocional, otros se vuelven temerosos o inquietos y muchos de ellos sufren pesadillas de forma habitual. Llega un momento en el que el niño se recupera y continúa su vida habitual, pero en algunos casos el recuerdo del trauma se mantiene oculto en lo más profundo de su cerebro y puede resurgir de una forma dañina muchos años después.

Trastorno de ansiedad por separación

En algunos casos un niño se deja llevar por el pánico cuando se ve separado de su cuidador primario. Sufre de un temor arraigado de que algo terrible le ocurrirá si se aleja y hace todo lo posible por resistirse. Esta ansiedad es una exageración del apego normal que un niño siente hacia el adulto que le ha cuidado. Si se ve forzado a sobrellevar una separación más larga, puede sufrir una variedad de dolencias como insomnio, malestar estomacal o dolores de cabeza.

miedos y fobias

En ocasiones, a los 4 años un niño puede desarrollar miedos o fobias irracionales que al adulto le resultan difíciles de comprender. Es como si tuviera una alarma interna que trabaja en oposición a su intensa curiosidad. Ésta le conduce a investigar casi todo lo que encuentra y le permite hacer insólitos descubrimientos cada día. Las fobias le garantizan evitar a toda costa algunos de los nuevos elementos de su entorno.

La llegada de las fobias

La razón por la que las fobias no se desarrollan antes de los 4 años se debe a que han evolucionado como poderosos sistemas que protegen al niño de un riesgo en la etapa en la que su movilidad comienza a ser realmente importante. En un mundo tribal primitivo, es probable que el niño de 4 años se aleje solo y se enfrente a peligros reales, como arañas y serpientes venenosas. Si su curiosidad le condujera a investigar estas extrañas criaturas, moriría fácilmente en el intento. Este miedo está tan profundamente grabado en el cerebro que, desde la más tierna infancia, los niños temen a las serpientes y a las arañas.

Existen dos teorías que explican cómo ocurren las fobias. Una de ellas considera que las fobias a las serpientes y a las arañas son innatas; la otra la considera estas fobias como una enseñanza universal por parte de los adultos, quienes reaccionan con miedo exagerado al ver una película o una fotografía que representa alguno de esos animales. Lo que no es usual con respecto a esta enseñanza (si es ésta la manera en la que los niños desarrollan estas fobias en particular) es la intensidad de la reacción. Por ejemplo, si un niño vuelca un bote de pintura, el padre puede reaccionar con las mismas exclamaciones de horror que si viera una araña, pero el niño no desarrolla miedo a la pintura. Es como si el cerebro del niño estuviera preparado para tener miedo a las serpientes o a las arañas, que más adelante puede convertirse en una fobia.

Traumas que causan fobias

Es poco habitual que transcurran los primeros 5 años de la vida de un niño sin que experimente algún momento traumático. El explorador intrépido que escala y luego siente demasiado miedo como para volver a bajar (y, en consecuencia, debe ser rescatado), puede desarrollar miedo a las alturas. El niño que ha estado a punto de ahogarse al caer en un río puede desarrollar miedo al agua. El niño que mientras habla con un desconocido se ve repentinamente arrastrado por un padre presa del pánico puede desarrollar un agudo y abrumador miedo a los extraños.

En los primeros dos ejemplos están presentes dos elementos cruciales: un evento aterrador y una enorme inquietud y nerviosismo con los que reacciona el entorno. Ambos elementos son decisivos para crear una fobia. Si el adulto resta importancia al momento en lugar de dramatizarlo, podría no llevar al miedo. El tercer ejemplo es significativo en este aspecto. Inicialmente, el niño no tiene miedo; si el adulto le dice con calma que no hable con desconocidos en el futuro, podría haberse producido un sencillo proceso de aprendizaje y el niño se tornaría ligeramente más cauto. Pero si el adulto se deja llevar por el pánico, el niño registra esta reacción y su cerebro la archiva para futuras referencias.

Fobias comunes

Un estudio realizado entre niños de 4 años reveló que no menos de dos de cada tres presentaban un tipo de miedo recurrente. Entre los más comunes se encontraban los temores a las serpientes, las arañas, las alturas, los animales grandes, los ruidos, los extraños, la oscuridad, los fantasmas, los monstruos, los espacios cerrados, los espacios públicos y algunos alimentos. Los padres de los niños de 4 y 5 años se exasperan con frecuencia cuando se dan cuenta de que sus hijos de repente se niegan a comer algún tipo de alimento en concreto. Quizá el día anterior lo han consumido sin problema, y de la noche a la mañana es tabú. Si pudiesen mirar dentro de la mente del niño, se asombrarían al saber que el niño ha decidido que ese alimento es tóxico. En épocas primitivas existían muchas setas y bayas venenosas que debían evitarse. Parece que estas extrañas reacciones modernas a alimentos inocuos son una reminiscencia de un antiguo mecanismo de supervivencia.

el sentido de la justicia

Una de las emociones más poderosas que experimenta un niño pequeño es la sensación de que ha sido tratado injustamente. La expresión «¡eso no es justo!» es una de las quejas más sentidas que pueden escucharse en el hogar. Desde la edad más temprana, un niño desarrolla un poderoso sentido de la justicia y del juego limpio, y, cuando se ve a sí mismo como víctima de una incoherencia o de una falta de respeto a unas normas, es probable que se derrumbe en un mar de lágrimas.

Promesas rotas

Uno de los peores castigos que un niño puede recibir es que se rompa una promesa cuando el cambio de planes está más allá de su control y no ha sido causado por ninguno de sus actos. El padre que promete llevar a su hijo pequeño al fútbol, y luego lo olvida o hace otros planes, o la madre que promete llevar a su hija pequeña a una fiesta de disfraces y luego está demasiado ocupada para hacerlo, hieren a sus retoños mucho más de lo que se imaginan. Resulta sorprendente que, aunque los adultos reconocen que han olvidado la mayor parte de los detalles diarios de sus primeros 5 años de vida, son los momentos de profunda y dolorosa decepción como éstos los que perduran en la memoria.

Los engaños

Otro tipo de recuerdo persistente es el momento en el que un niño es presa de un engaño, por parte de un adulto o de otro niño. En la guardería, cuando se rompe un juguete y el culpable acusa a un amigo inocente de haber causado el daño, esa falsa acusación puede provocar una aflicción aguda, difícil de expresar por parte de la víctima. El asunto empeora cuando el adulto cree la mentira y la víctima inocente recibe el castigo por algo que no ha cometido. Probablemente no olvidará jamás esta injusticia e incluso influirá sobre su comportamiento adulto más adelante. El hecho de que el culpable hiciera una falsa acusación por tener miedo a reconocer su error, debido quizá a la perspectiva de un castigo desproporcionado, no pasa por la cabeza de la víctima y posiblemente tampoco serviría de consuelo si lo hiciera.

Los engaños por parte de los padres también pueden provocar ira, como cuando un hermano o hermana más pequeño se ve favorecido injustamente en una competición. El niño mayor se ha esforzado mucho y merece la recompensa, pero debido a que sus hermanos son más pequeños y necesitan ayuda, son los que reciben el trato especial del progenitor bienintencionado.

El niño mayor siente que no tiene sentido esforzarse porque no puede ganar. También ocurre cuando se les dice a los niños que cada uno tendrá la oportunidad de elegir una actividad de la que todos disfrutarán, pero al final no queda tiempo suficiente y uno de ellos queda excluido. Esos momentos pueden causar una profunda desilusión, no sólo porque uno de los niños se pierde la diversión, sino porque echa en falta que los demás también la disfruten. La excusa de que se ha acabado el tiempo no le convence y siente que ha sido tratado con injusticia. Es difícil, para cualquier padre, mantener siempre un sistema coherente de recompensas entre hermanos.

La traición de un amigo

Otro momento de intensa aflicción para un niño de 4 o 5 años se produce cuando un amigo atrae la atención sobre algo que ha hecho mal. Si ha sido un accidente e intenta ocultarlo, y su vecino exclama «Señorita, señorita, ¡mire lo que ha hecho Carlitos!», y además se le castiga por ello, el sentimiento de rencor por haber sido delatado en público puede ser muy intenso.

Las raíces de la justicia

Las promesas rotas, el engaño y la traición provocan indignación en un niño porque, a los 5 años, éste ya ha desarrollado un sentido de la justicia y entiende el concepto de seguir unas normas. Una vez que los padres establecen un conjunto de reglas de conducta, un niño espera que se sigan de la forma más estricta, al igual que los padres esperan que el niño las respete y acate. Sobre todo, espera coherencia y transparencia, y el sentido innato de cooperación que se ha incluido en el sistema de normas de los padres se rebela cada vez que se presenta una incoherencia.

conclusión

Observar cómo un hijo o una hija de 2 años, egocéntrico, obstinado y patoso, crece y se convierte en un niño de 5 años, maravillosamente cooperativo, comunicador, atlético y alegre, es una de las mayores alegrías de la vida. Estos primeros años son una época de grandes descubrimientos, de curiosidad ilimitada y juego sin fin. La alegre libertad de expresión que experimentan en los días previos a la escolarización no volverá a repetirse jamás.

Domar al infante

Cuando un bebé indefenso consigue ponerse de pie y moverse, se encuentra con un mundo por conquistar; a esta tarea se dedica con toda su energía, por lo que a menudo se siente frustrado por sus propias carencias. Con perseverancia consigue salir adelante, dejar su impronta y aprender todo lo posible sobre el emocionante nuevo entorno en el que se halla. Conforme pasa el tiempo se vuelve más y más comunicativo, gracias a la asombrosa capacidad humana de convertir los sonidos en palabras y disponer las palabras en frases. Al mismo tiempo, sus extremidades se fortalecen y su control manual es más perfecto. Cada día le ofrece nuevos retos y su poderoso impulso de exploración le hace seguir. Si no se le castiga por sus actividades llenas de energía y su entorno es rico en experiencias, pasará los próximos años programando su cerebro de una forma que perdurará toda la vida.

Abandonar el nido

Si ha tenido suerte durante su progresión de los 2 a los 5 años, cuando se inicie su escolarización será un individuo optimista, inteligente, seguro de sí mismo y elocuente, preparado para su largo período de educación formal. No todo el camino resultará fácil, porque deberá someterse a reglas más rígidas y rutinas más repetitivas que las que conoce. La sociedad adulta le exigirá suprimir una parte de la alegría imaginativa que ha caracterizado sus primeros años y la escolarización comenzará a llevarle por este camino. Tendrá que aprender que el juego, en lugar de estar en todos sitios, estará restringido a un nuevo y extraño lugar conocido como patio y a algo conocido como «tiempo libre, recreo o pausa». Tendrá que aceptar una distinción desconocida y desagradable entre el juego y el trabajo. Antes, todo el trabajo era juego y todo el juego era trabajo, pero ahora están divididos en dos compartimentos distintos. Si tiene suerte, tendrá profesores que fomenten una cierta dosis de alegría creativa durante las horas de trabajo escolar, pero también descubrirá que el tiempo de juego no es tan libre y fácil como lo fue en su día. Puede haber momentos en los que se aburra y se sienta desencantado de la nueva fase de la vida que ha comenzado, pero la sociedad moderna es tan compleja y exigente que sólo un período prolongado de educación formal cuidadosamente estructurada le preparará para vivir cuando se convierta en un adulto.

Afortunadamente, su joven cráneo contiene el mejor cerebro del reino animal y dos de sus cualidades más destacadas son su adaptabilidad y su resistencia. Incluso si una parte de su entusiasmo juvenil se ve anulado con el peso del adoctrinamiento cultural, encontrará maneras de resistirse. Y una cosa es cierta, cuanto mayor sea la variedad de experiencias que haya experimentado en sus años preescolares, mayor serán sus oportunidades de conservar la capacidad de admiración y creatividad imaginativa en los años por venir. Puede no recordar los detalles mágicos de los primeros 5 años de vida, pero habrán dejado su huella y le habrán convertido en lo que llegue a ser en su vida adulta.

índice

agradecimientos

Agradecimientos del autor

Quisiera hacer pública mi enorme deuda con mi mujer Ramona por su incansable investigación, la cual me mantuvo al día de los últimos informes sobre este fascinante tema. Gracias sobre todo a mis nietos porque, una vez más, me ayudaron a revivir lo que significa experimentar los primeros años de vida sobre este emocionante planeta.

Mi agradecimiento también a Jane McIntosh y Charlotte Macey, de Hamlyn, cuya contribución a este libro excede con creces cuanto podría esperarse de un editor. La totalidad del concepto y estructura del libro es suya, y estoy enormemente agradecido por su tremendo entusiasmo con todo el proyecto.

También quisiera agradecer la espléndida colaboración de Penny Stock y Janis Utton, cuyos maravillosos diseños visuales han convertido este libro en un deleite. Finalmente, gracias a mi agente literario Silke Bruenink, por su ayuda profesional en la organización del proyecto.

Editoras Jane McIntosh, Charlotte Macey
Dirección artística Penny Stock
Diseño Janis Utton
Documentación fotográfica Emma O'Neil
Colaboración en el desplegable Suzanne Milne

Créditos de las ilustraciones

Alamy/Blue Jean Images 151 inferior derecha; /fotoshoot 39 inferior izquierda; /Carson Ganci 27; /Jean Lannen 92; /Picture Partners 74-75; /VStock 57. **Corbis**/Eric Audras/PhotoAlto 101 derecha; /Heide Benser 21, 35 inferior derecha, 81 superior derecha, 140 superior, 140 inferior; /Bloomimage 39 superior izquierda, 42, 55, 66-67, 91 inferior izquierda, 100 izquierda, 117, 154 superior izquierda; /Sandro di Carlo Darsa/PhotoAlto 8-9; /Dex Images, Inc. 101 izquierda, 103; /Nick Dolding 81 superior izquierda; /Floresco Productions 81 inferior derecha; /Monalyn Gracia 129; /A. Inden 65 superior; /Roy McMahon 15 superior izquierda; /Roberto Melchiorre 81 inferior izquierda; /Bruno Obmann 96 superior; /Studio DL 71; /Miao Wang 130; **Getty Images**/Absodels 77 inferior derecha; /Janie Airey 10 inferior derecha; /Natalie Avakian 153; /Peter Beavis 19 superior derecha; /Bloomimage 29, 35 superior izquierda, 69, 77 inferior izquierda, 114; /Milena Boniek 24; /Lauren Burke 16 inferior derecha; /Nancy Brown 123; /Compassionate Eye Fundation/Inti St. Clair 93; /Mieke Dalle 39 superior derecha, 82-83; /Doable/A.collection 104; /George Doyle 96 inferior derecha; /Julia Fishkin 7 superior derecha; /Lena Granefelt 136; /Mimi Haddon 7 inferior izquierda, 77 superior izquierda; /Tim Hale 41; /Mark Hall 127; /Meredith Heuer 158; /Michael Hitoshi 157; /David Hofmann 65 inferior; /Nancy Honey 163; /Indeed 109; JGI 100 derecha; /JGI/Jamie Grill 25; /Chad Johnston 148; /Julie 88; /Dorling Kindersley 107 superior izquierda; /Fabrice Lerouge 16 inferior izquierda, 23, 99; /Alex Mares-Manton 36, 63, 126; /Medioimages 113; /Tom Merton 151 inferior izquierda; /Laurence Monneret 7 inferior derecha; /Andrew O'Toole 35 superior derecha; /Jessica Peterson 15 superior derecha; /Jose Luis Peláez 151 superior derecha; /PhotoAlto/Alix Minde 12; /PhotoAlto/Laurence Mouton 35 inferior izquierda; /Photo Alto/Odilon Dimier 151 superior derecha, 161; /PhotoAlto/Sandro Di Carlo Darsa 154 inferior derecha; /Pink Fridge Productions 46-47; /Purestock 52, 118-119; /Stephanie Rausser 91 inferior derecha; /Gabrielle Revere 7 superior izquierda; /STasker 15 inferior derecha; /Stockbyte 135; Thinkstock Images 77 superior derecha; /Anne-Marie Weber 16 superior izquierda; /Jilly Wendell 154 inferior dercha; /Rachel Weill 15 inferior dercha; /Larry Williams 154 superior derecha; /ZenShui/Laurence Mouton 11. **Masterfile** 39 inferior derecha, 72, 73, 96 inferior derecha, 120, 138-139; /Kevin Dodge 26; /Jon Feingersh 49; /Glowimages 19 superior izquierda; /Steven puetzer 31; /Mark Tomalty 132. **Photolibrary Group**/Banana Stock 48; /maike Jessen 16 superior derecha; /Jutta Klee 91 superior izquierda; /Monkey Business Images Ltd. 78; /Sigrid Olsson 19 inferior derecha; Stockbroker 91 superior derecha.

WI DEC 0 4 2013